Let's Learn the Spanish Alphabet!

¡Vamos a aprender el alfabeto en español!

Irma G. Castro, M.Ed.

www.minaxespanol.com

@minaxespanol

Dedication

I am dedicating this book to my daughter Michelle. As a second-generation United States citizen, I know that I will struggle for her to keep her Spanish, her parents' first language. I made this book because of the lack of Spanish resources available for parents. I hope that through this book, I can help solidify and extend her Spanish understanding.

Dedicación

Le dedico este libro a mi hija Michelle. Como ciudadana Americana de segunda generación yo se que va a ser difícil que ella mantenga el español, el primer lenguaje de sus padres. Hice este libro por la falta de recursos disponibles para el idioma de español. Espero que por medio de este libro pueda solidificar y extender su conocimiento de el idioma.

Note to Parents

This book is recommended for children ages 2-5. Your child will get the most of out this book if they complete the activities along your side. Enjoy your child's learning!

How to use this book:

Big letter page

1. Child traces capital letter with their finger and says the letter name.
2. Child colors capital letter while saying the letter name.

Small letters page

1. Child practices writing letter with a writing utensil while saying the name of letter.
2. Child colors letters in the page and continues to say the name of each letter.

Objects with letter page

1. Adult points to the picture and says name of the object.
2. Child repeats name of the object.
3. Child colors the object and word.

Finding the letter page

1. Adult asks child to find target letter.
2. Adult can guide, but let them find the letter on their own.
3. Child finds letter, names the letter in Spanish, and colors it.

Nota para los padres

Este libro es recomendado para niños de 2 a 5 años. El niño(a) aprovechara el contenido al máximo con su ayuda. Tómese el tiempo de aprender con ellos y disfrute su aprendizaje.

Como usar este libro:

Página con letra grande:

1. El niño(a) traza la letra con su dedo y dice el nombre de la letra.
2. El niño(a) pinta la letra mientras dice su nombre.

Página con letras pequeñas:

1. El niño(a) practica escribiendo la letra con algún utensilio para escribir mientras dice el nombre de la letra.
2. El niño(a) pinta las letras en la página y sigue diciendo el nombre de la letra.

Página con objetos

1. El adulto apunta al dibujo y dice el nombre de el dibujo.
2. El niño(a) repite el nombre de el objeto.
3. El niño(a) pinta el objeto y la palabra.

Página para encontrar la letra

1. El adulto le pide al niño que encuentre la letra.
2. El adulto puede guiar, pero debe dejar el niño(a) la encuentre por si solo.
3. El niño(a) encuentra la letra, nombra la letra, y la pinta.

Track their progress

Shade the letter when your child is able to recognize it by name, that way you will know what letters he or she needs to work on.

Monitorea su progreso

Pinta las letras cuando tu niño(a) pueda reconocer las letras, así sabrás en cuales letras aun necesita trabajar.

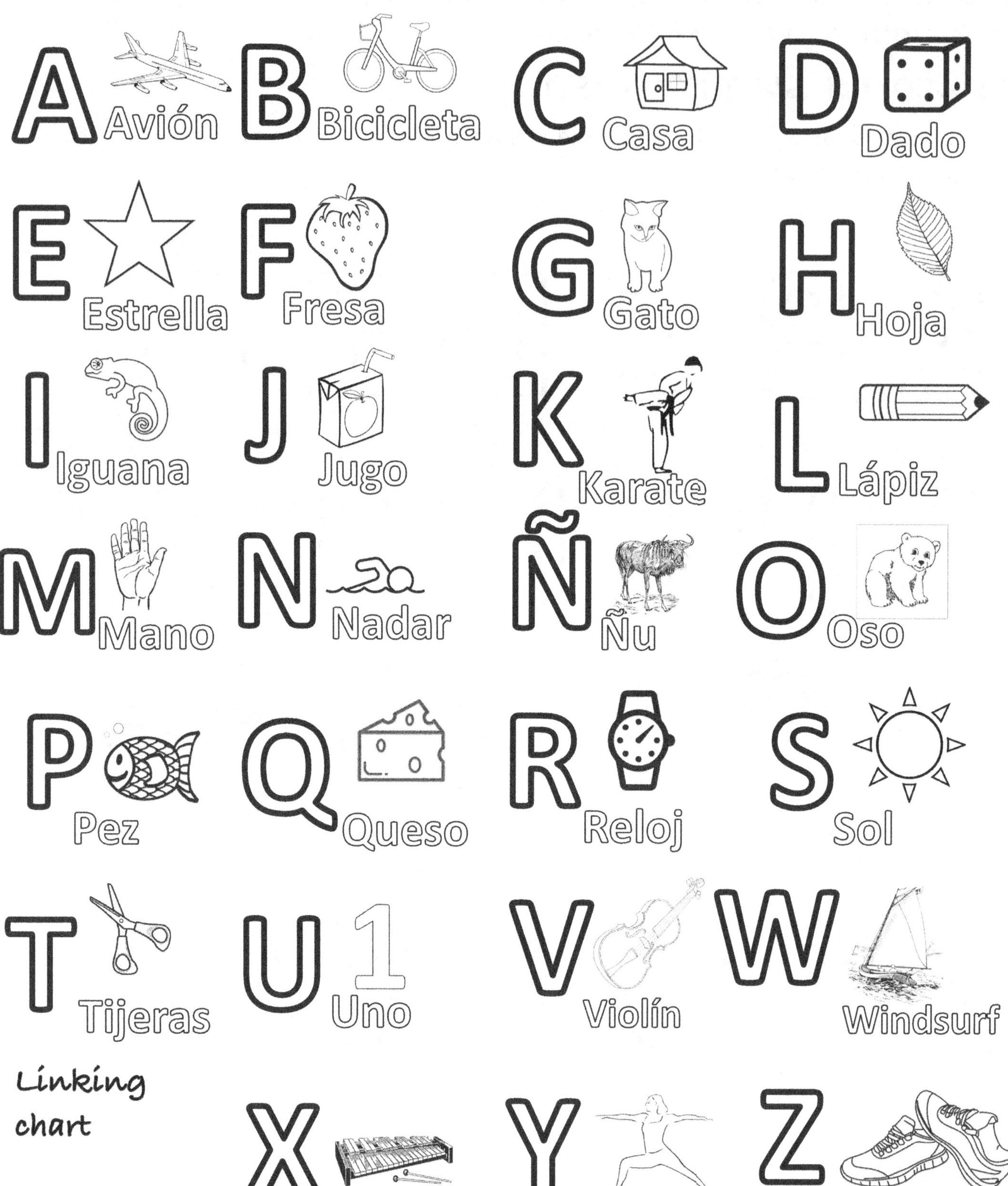

Linking
chart

Tabla de
enlace

Color the letter A, and trace it by following the arrows.

Pinta la letra A, y trázala siguiendo las flechas.

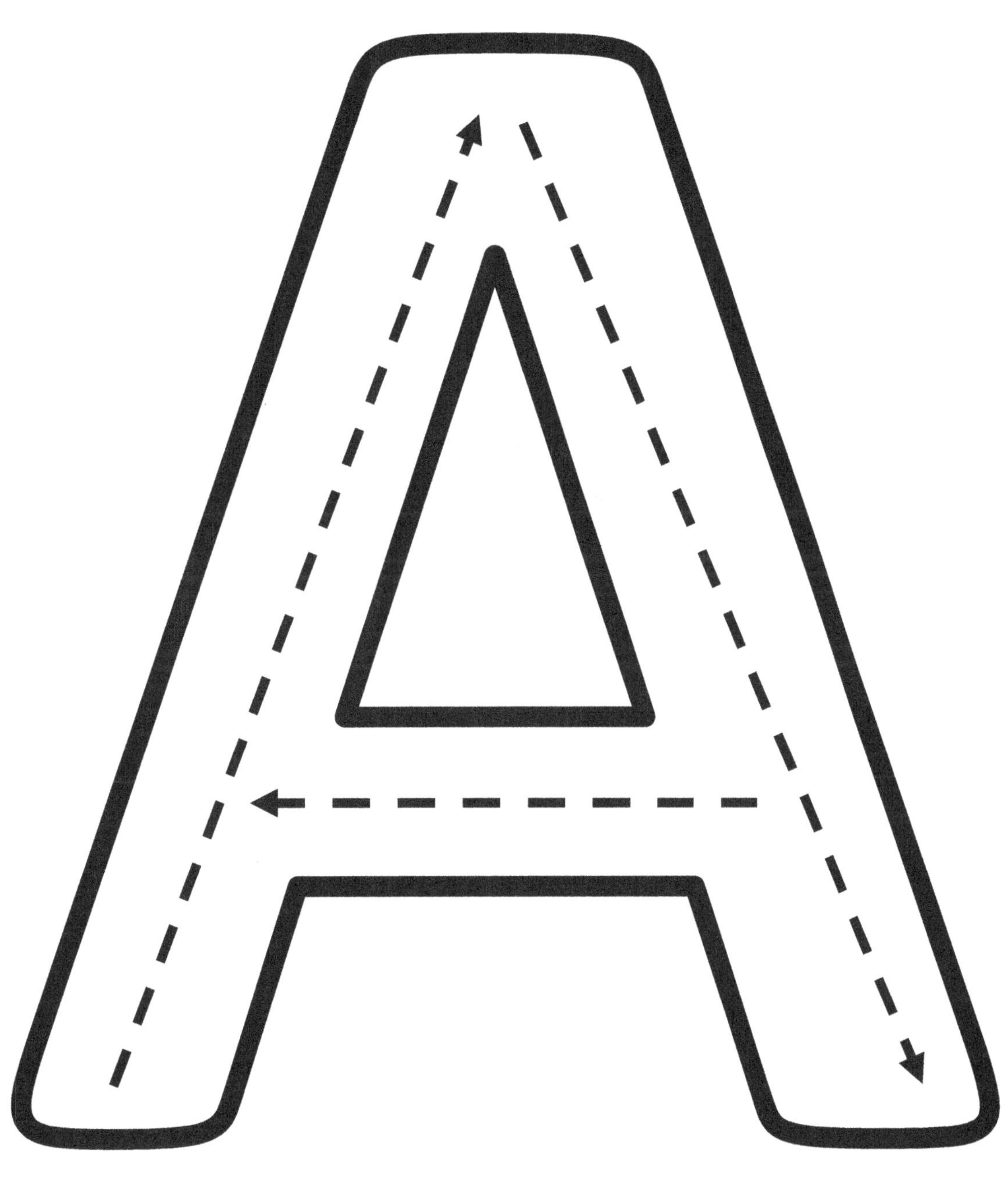

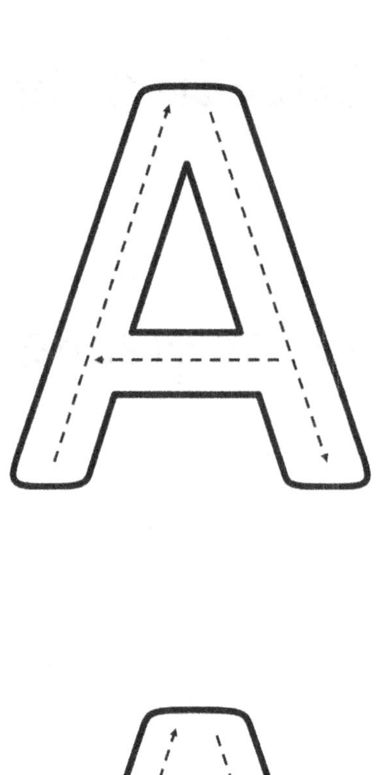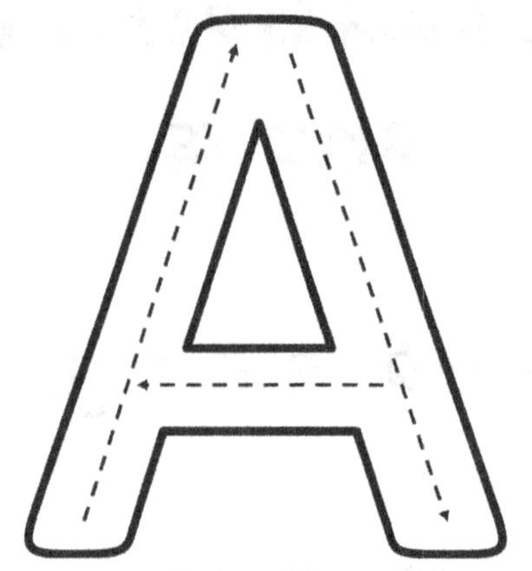

More practice for tracing the letter A.

Mas práctica para ayudarle a trazar la letra A.

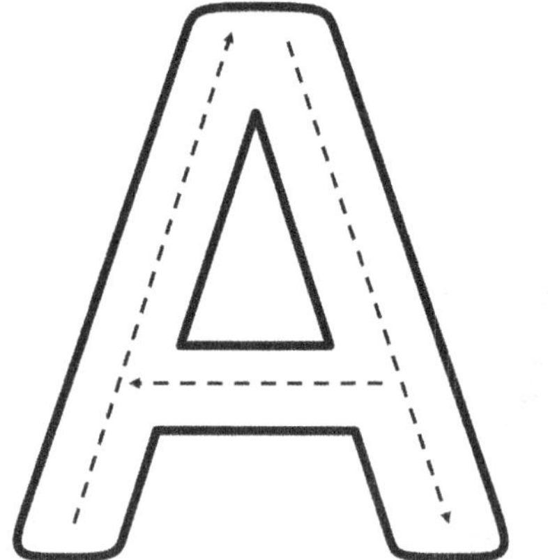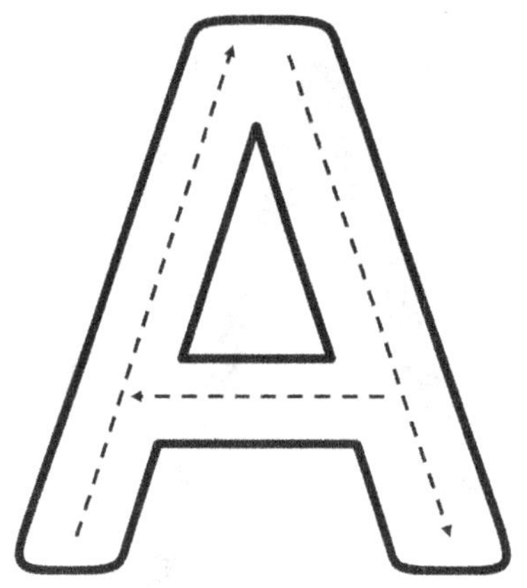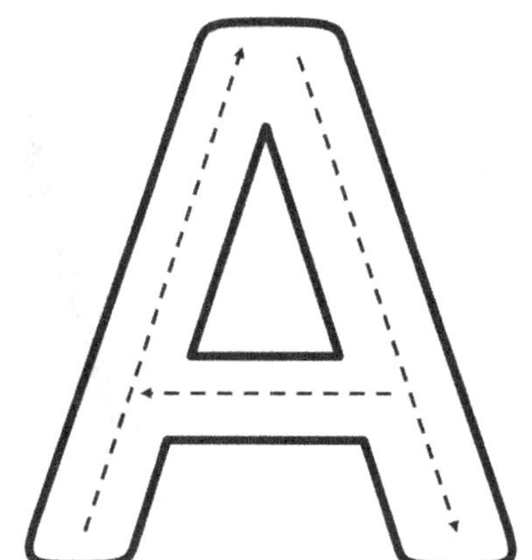

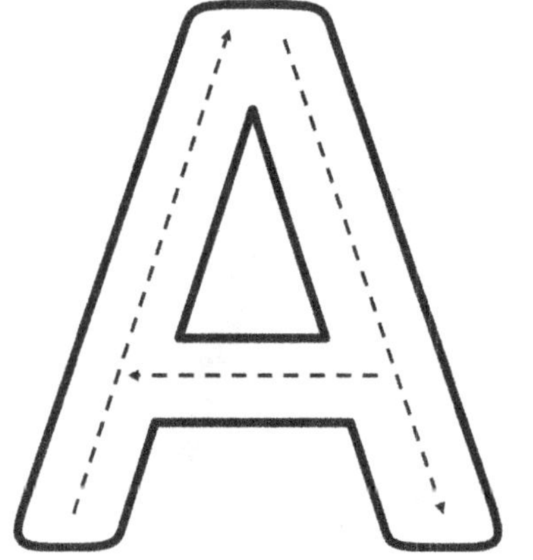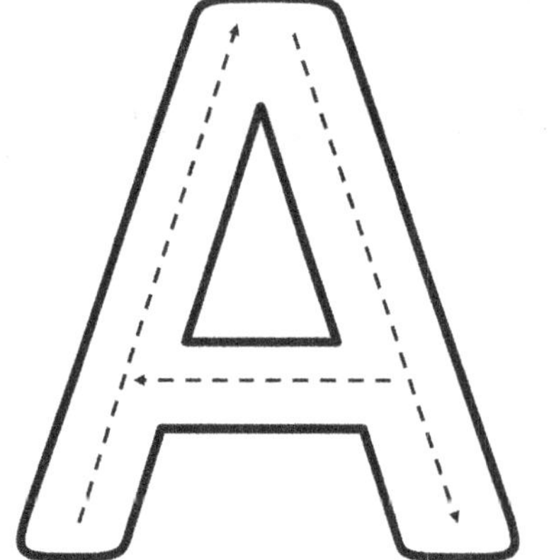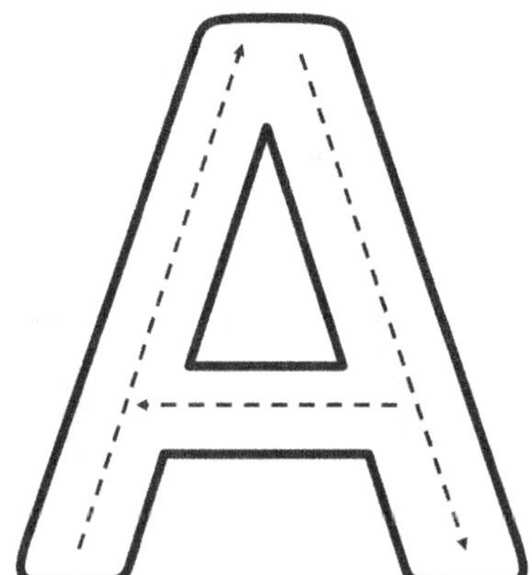

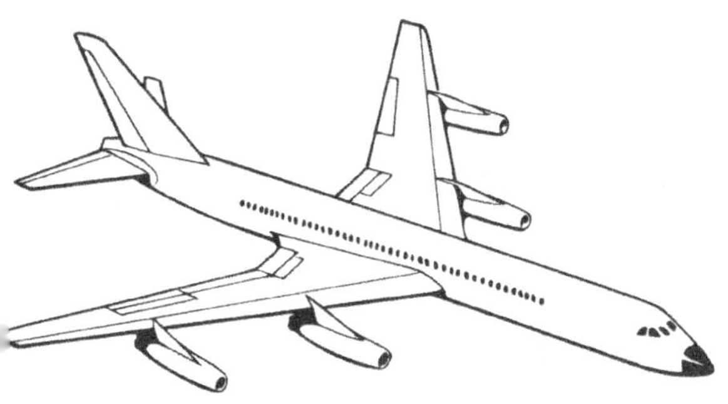

El Avión

El Árbol

La Abeja

Los Anillos

Say the name of each of the words that begin with the letter A, and color them.

Di el nombre de las siguientes palabras que comienzan con la letra A, y píntalas.

El Arcoiris

Find the letter A and color it.

Encuentra la letra A y píntala.

Color the letter B, and trace it by following the
arrows.

Pinta la letra B, y trázala siguiendo las flechas.

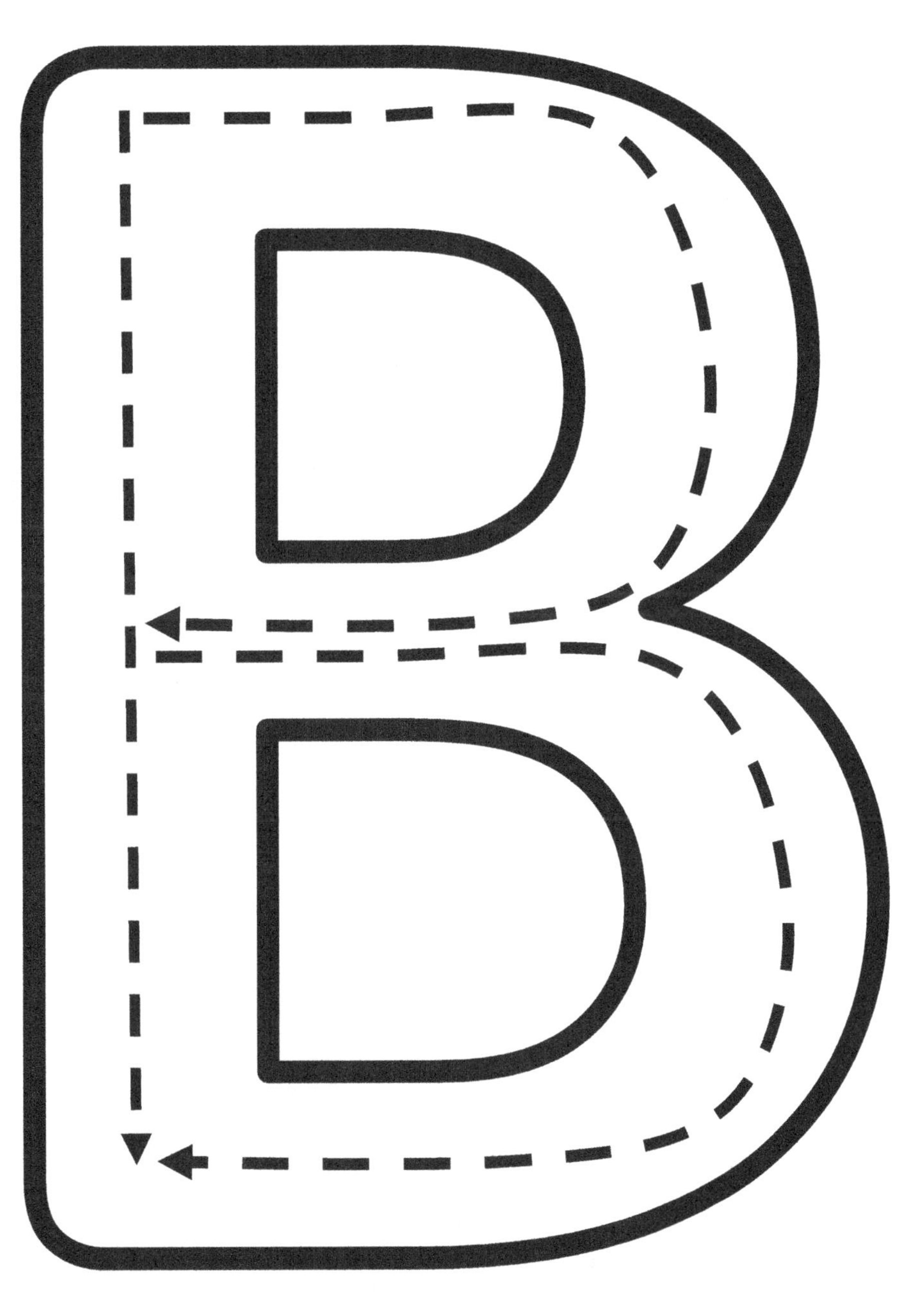

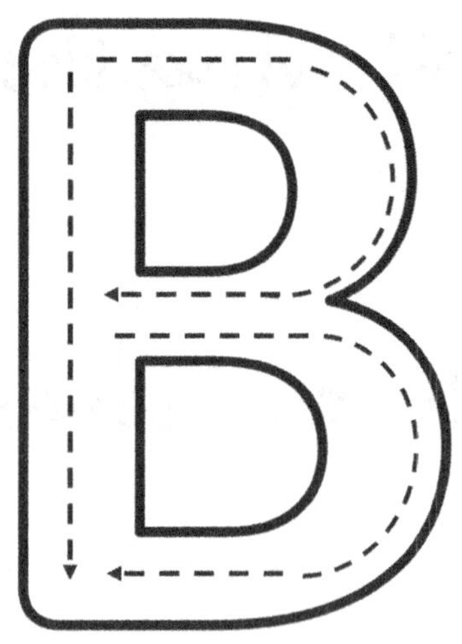 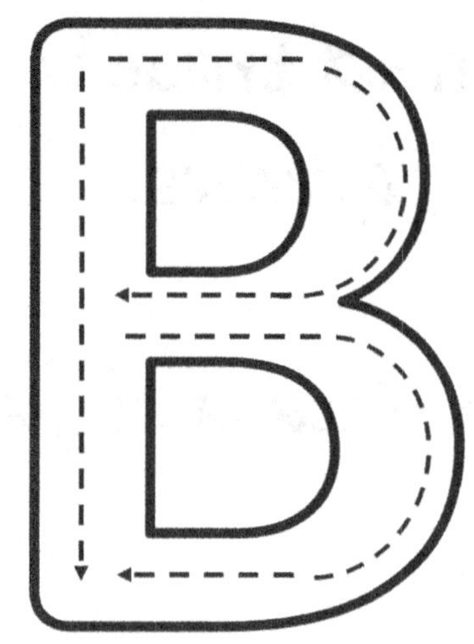

Color the letter B
and trace it by
following the
arrows.

Pinta la letra B y
trázala siguiendo
las flechas.

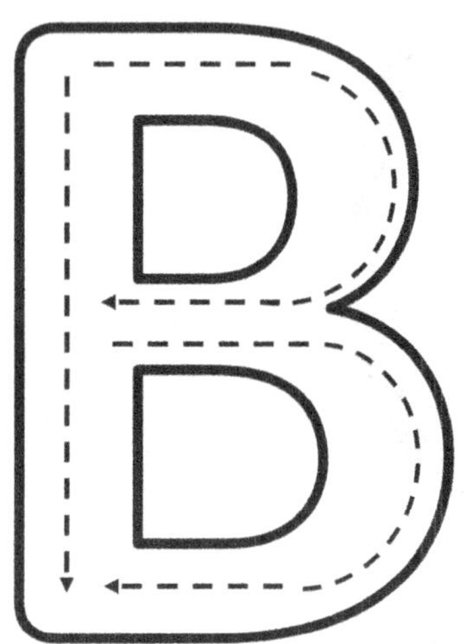 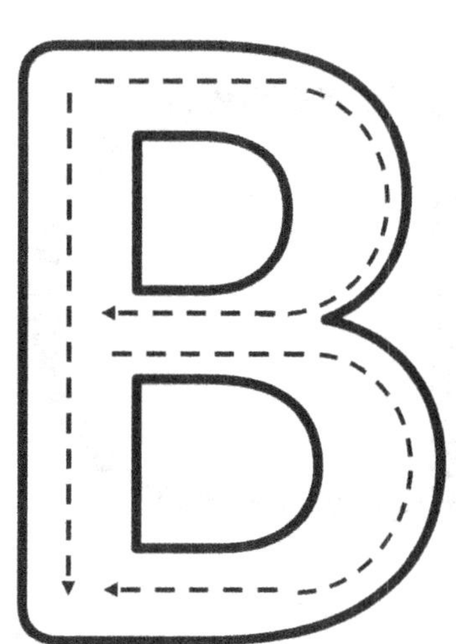 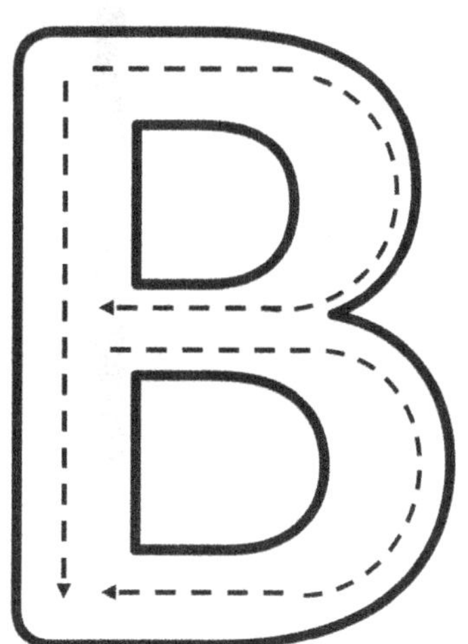

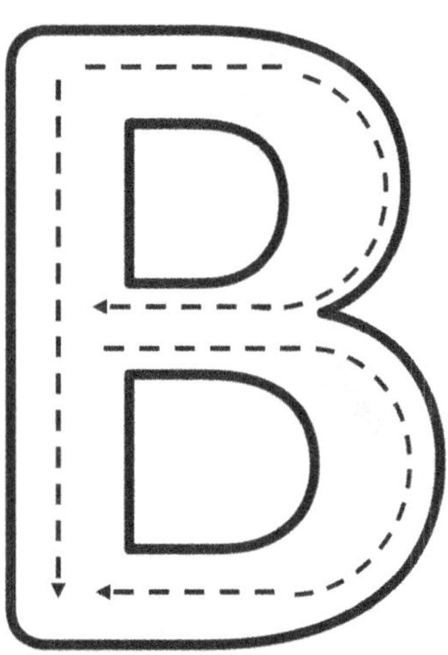 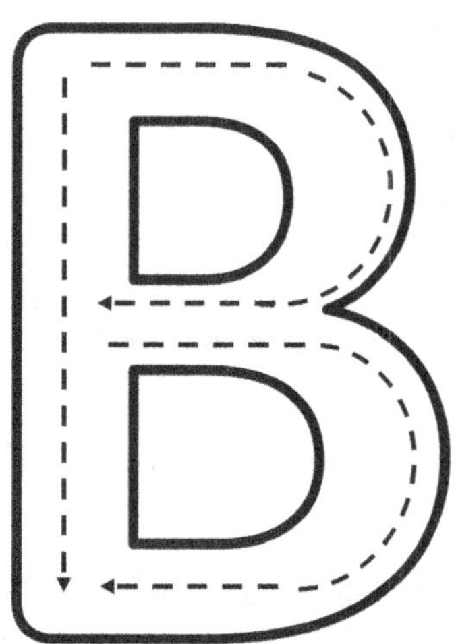 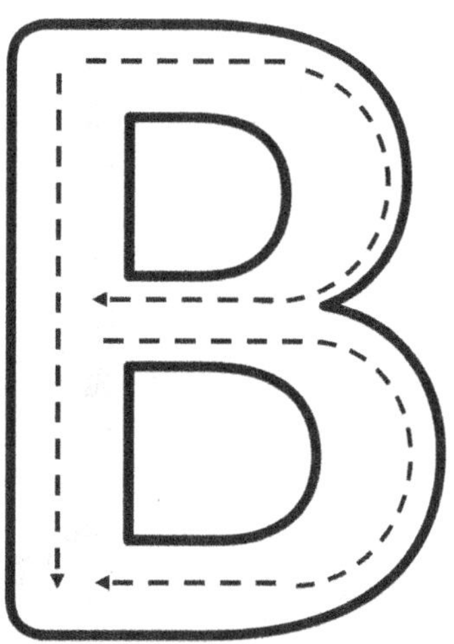

Color the following words that begin with the letter B.

Pinta las siguientes palabras que comienzan con la letra B.

Find the letter B and color it.

Encuentra la letra B y píntala.

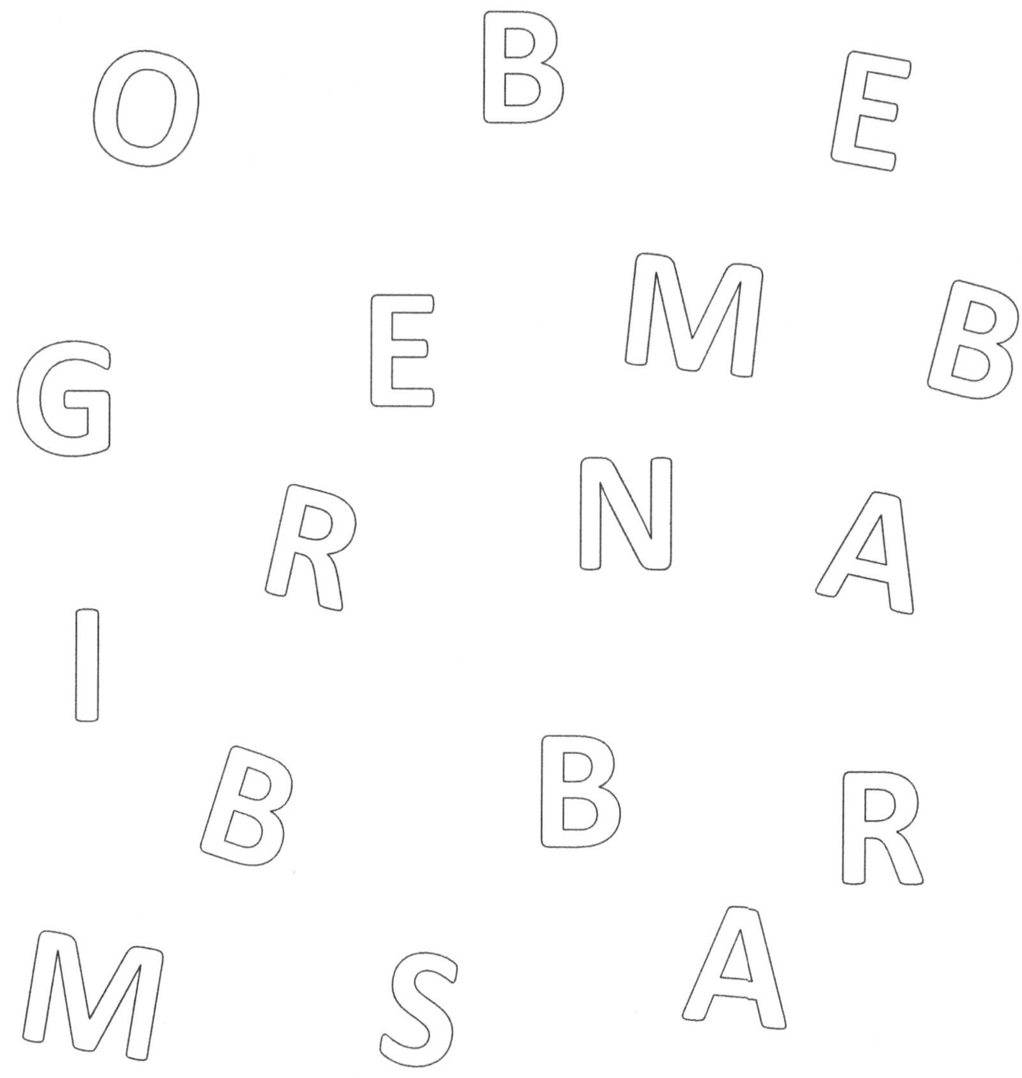

Color the letter C, and trace it by following the arrows.

Pinta la letra C, y trázala siguiendo las flechas.

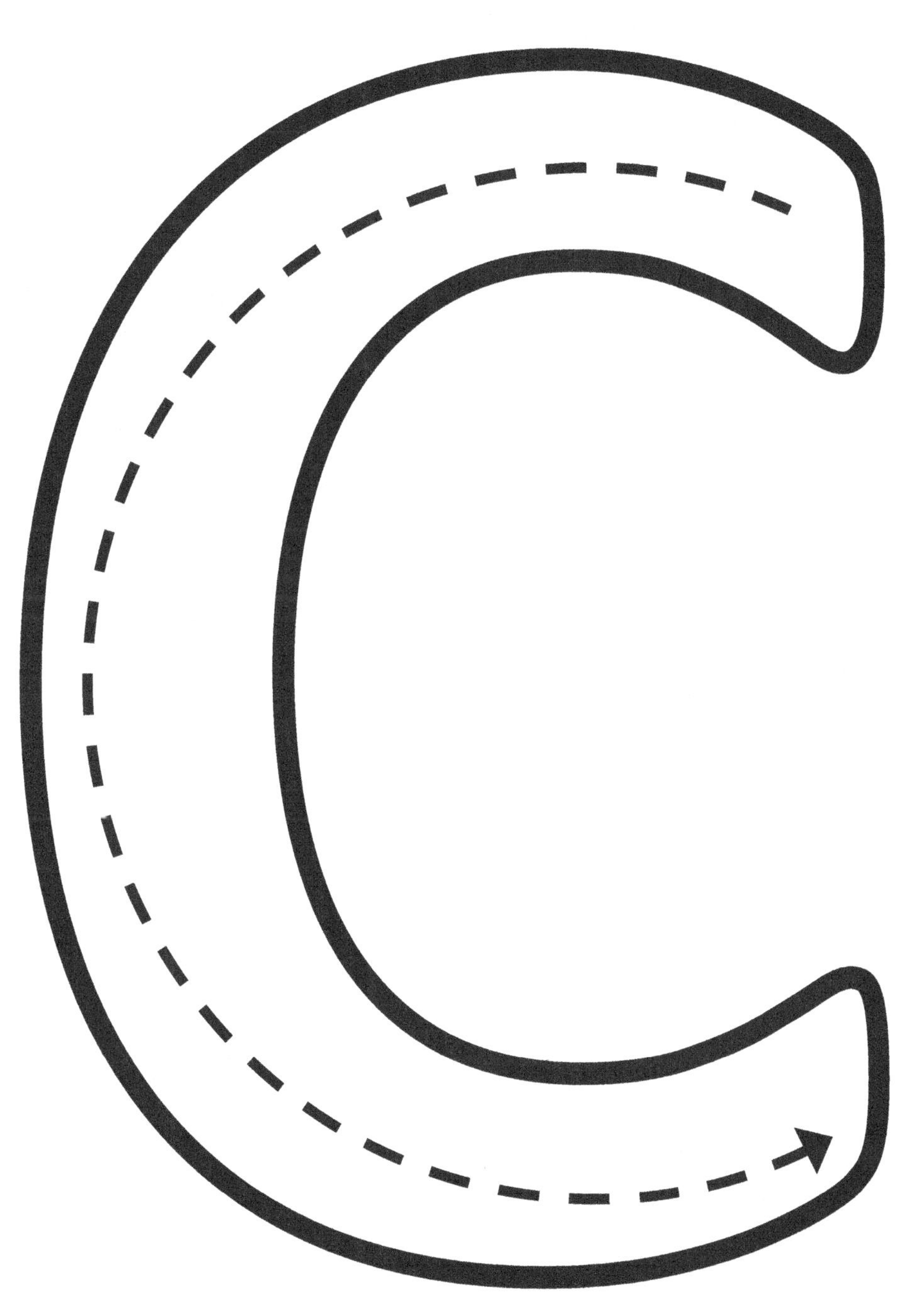

Color the letter C and trace it by following the arrows.

Pinta la letra C y trázala siguiendo las flechas.

La Casa

El Caballo

El Conejo

La Corona

Color the following words that begin with the letter C.

Pinta las siguientes palabras que comienzan con la letra C.

El Corazón

Find the letter C and color it.

Encuentra la letra C y píntala.

Color the letter D, and trace it by following the arrows.

Pinta la letra D, y trázala siguiendo las flechas.

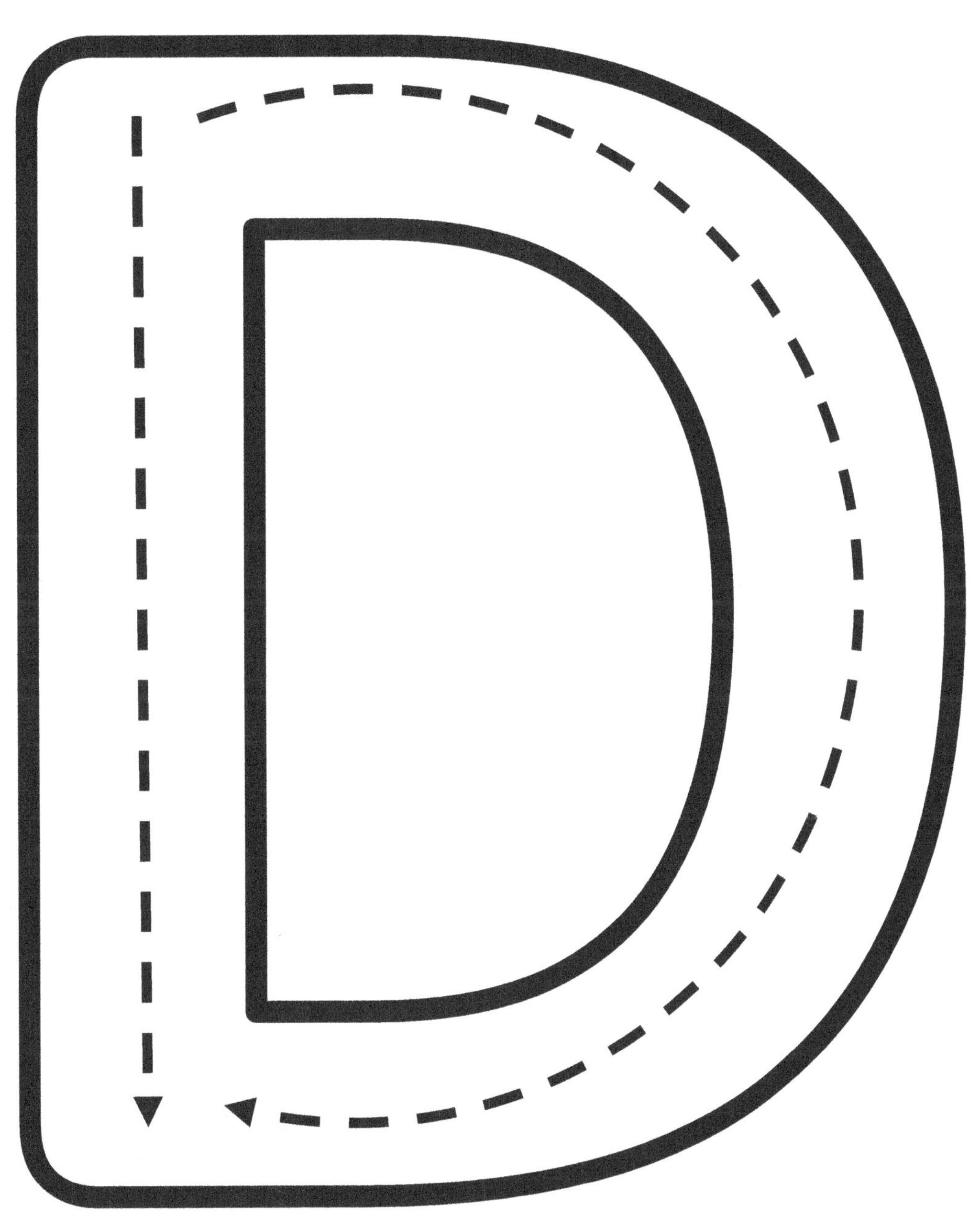

Color the letter D and trace it by following the arrows.

Pinta la letra D y trázala siguiendo las flechas.

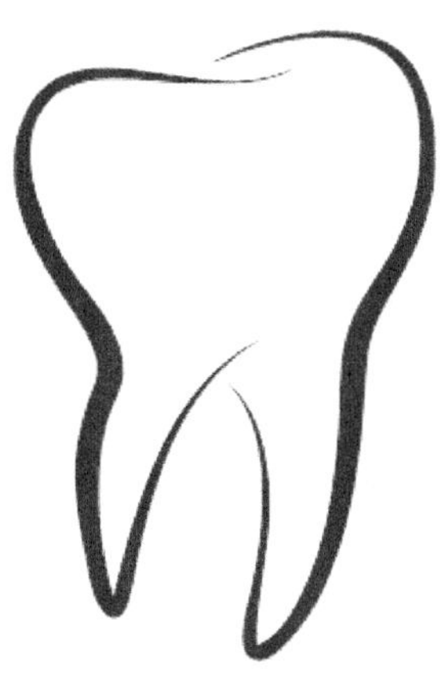

El Diente

El Dado

El Delfín

El Dinosaurio

Color the following words that begin with the letter D.

Pinta las siguientes palabras que comienzan con la letra D.

El Dólar

Find the letter D and color it.

Encuentra la letra D y píntala.

Color the letter E, and trace it by following the arrows.

Pinta la letra E, y trázala siguiendo las flechas.

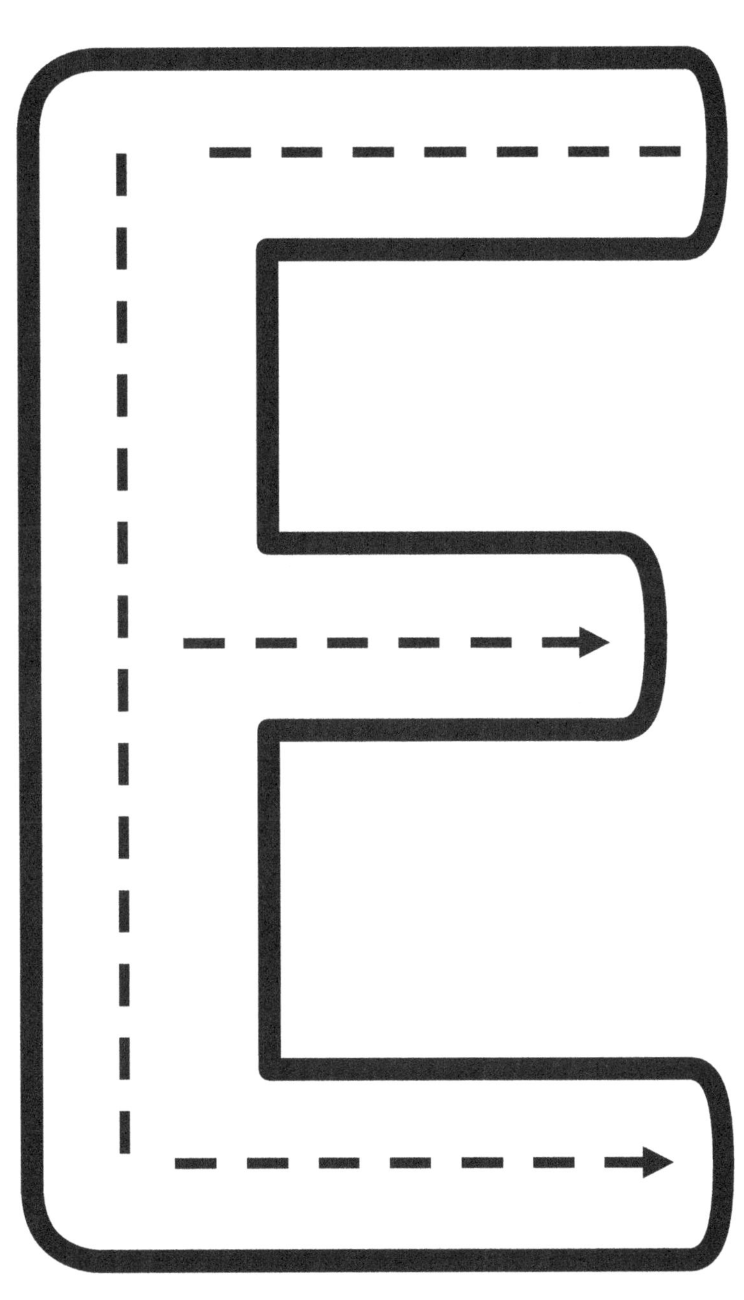

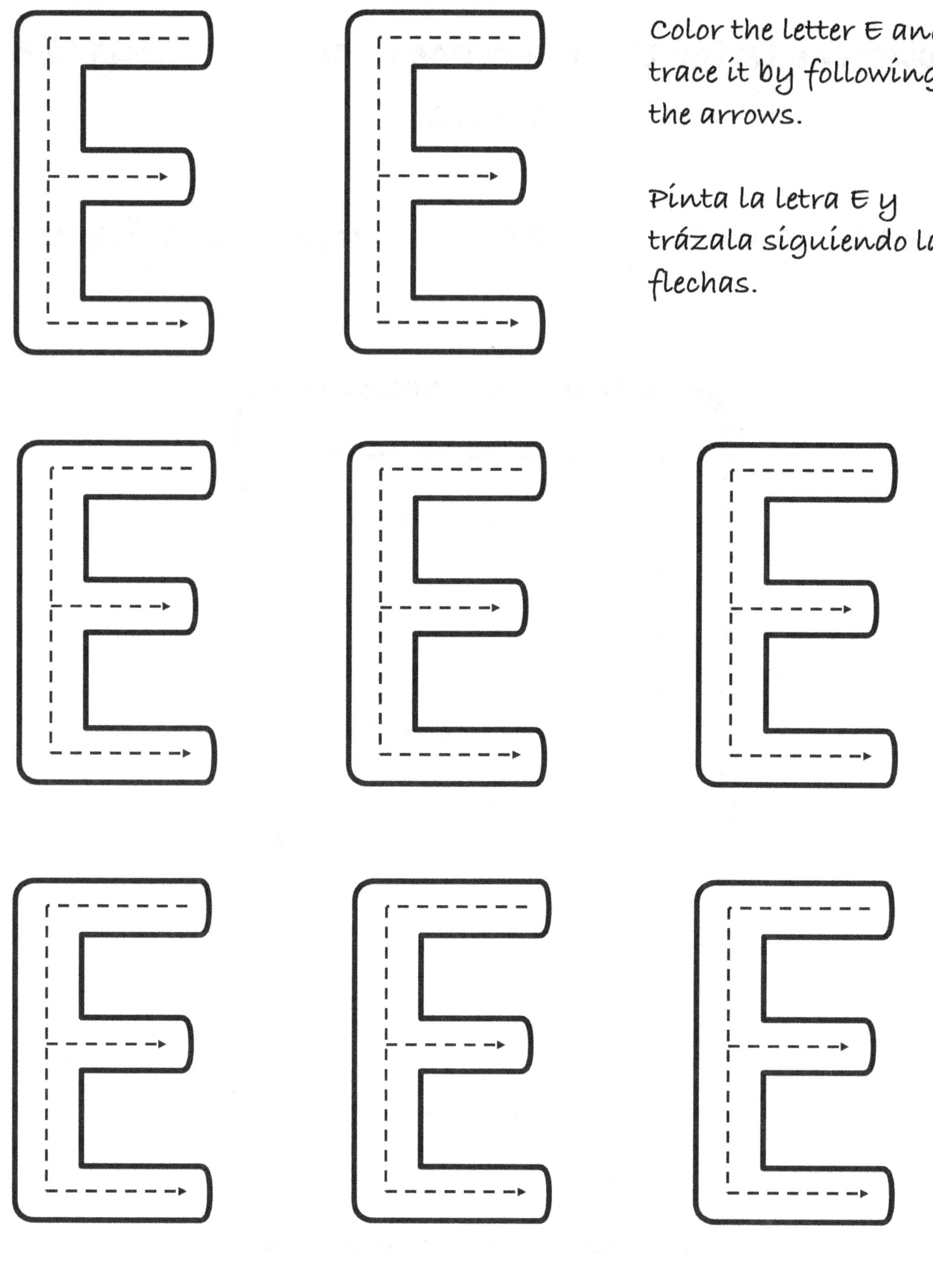

Color the letter E and trace it by following the arrows.

Pinta la letra E y trázala siguiendo las flechas.

La Estrella

El Elefante

La Escalera

El Espejo

Color the following words that begin with the letter E.

Pinta las siguientes palabras que comienzan con la letra E.

La Escoba

Find the letter E and color it.

Encuentra la letra E y píntala.

Color the letter F, and trace it by following the arrows.

Pinta la letra F, y trázala siguiendo las flechas.

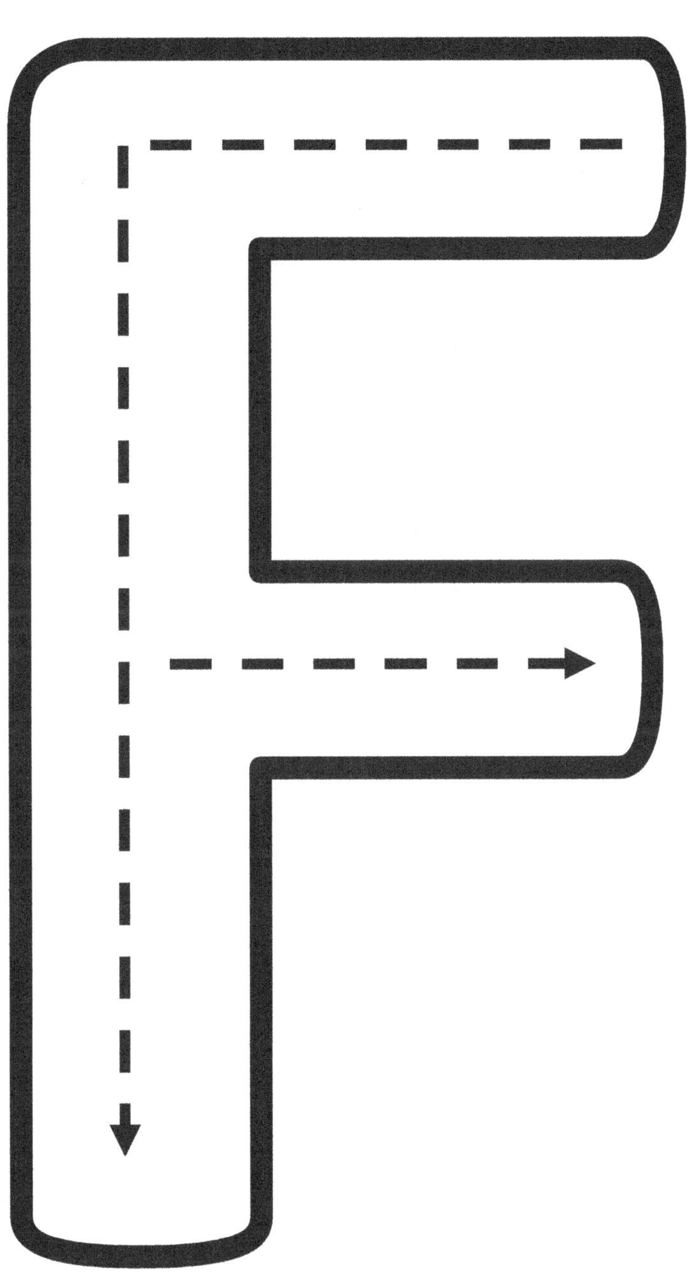

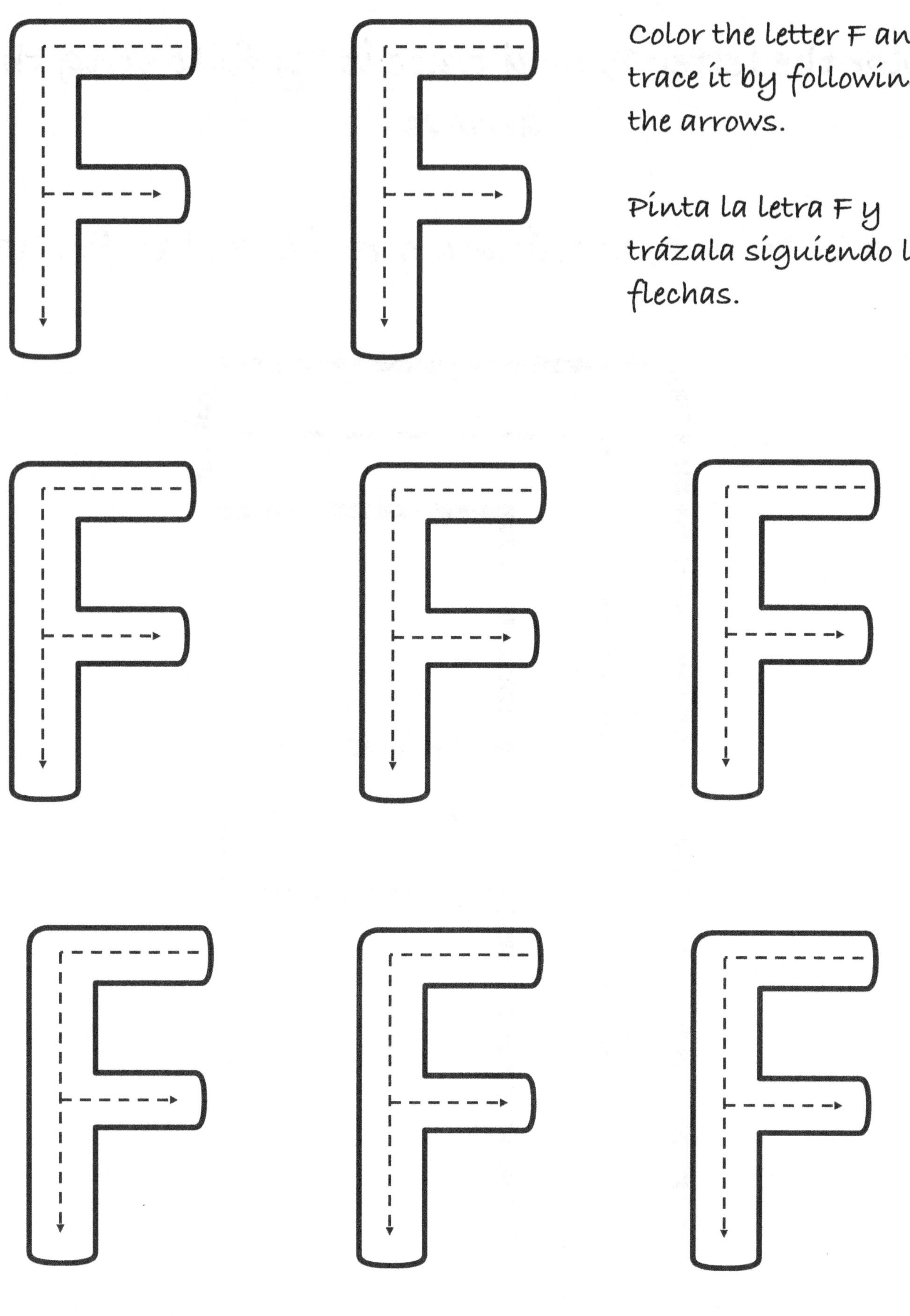
Color the letter F and trace it by following the arrows.

Pinta la letra F y trázala siguiendo las flechas.

La Fresa

La Flor

El Foco

El Fuego

Color the following words that begin with the letter F.

Pinta las siguientes palabras que comienzan con la letra F.

La Familia

Find the letter F and color it.

Encuentra la letra F y píntala.

Color the letter G, and trace it by following the arrows.

Pinta la letra G, y trázala siguiendo las flechas.

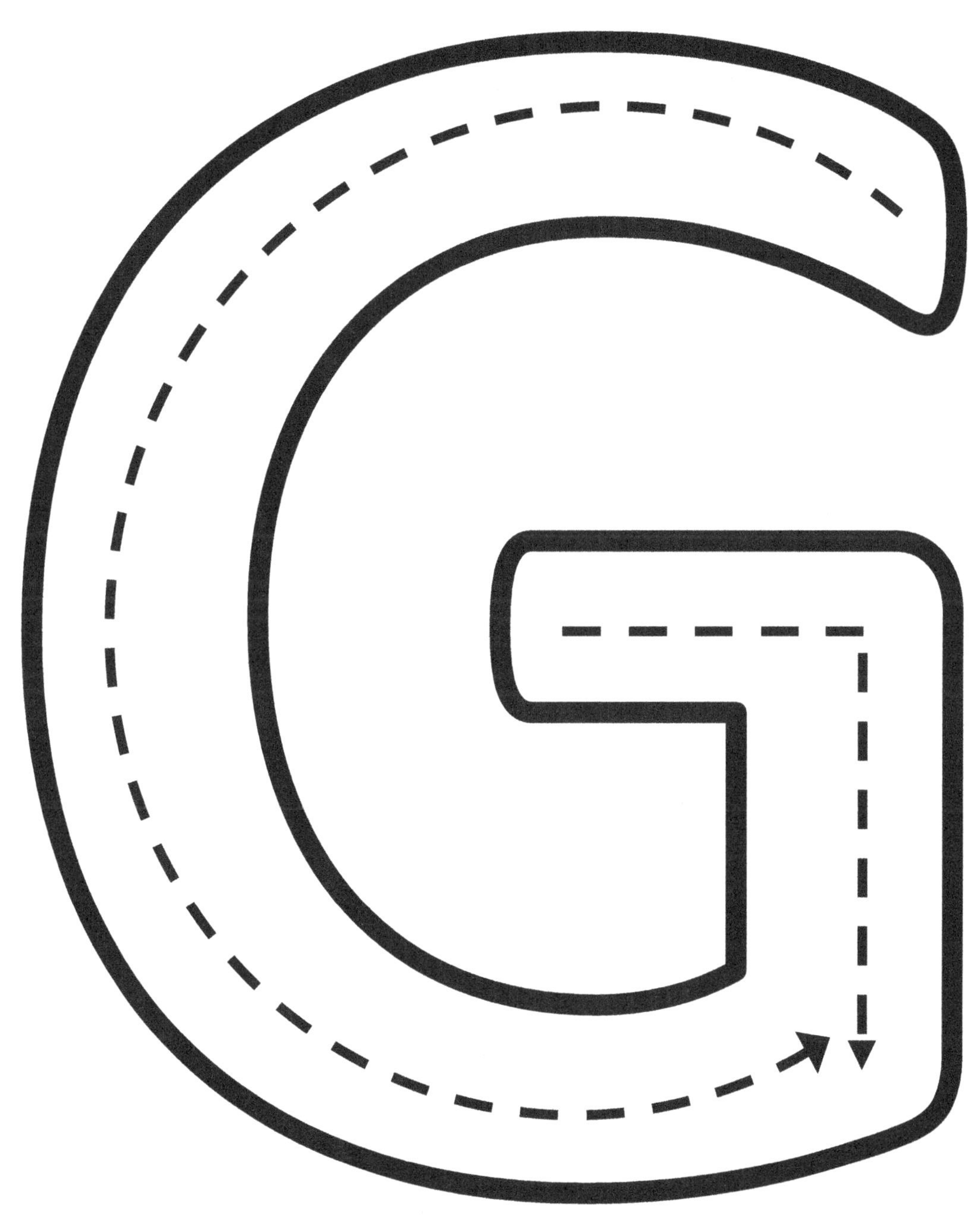

Color the letter G and trace it by following the arrows.

Pinta la letra G y trázala siguiendo las flechas.

El Gato

La Guitarra

La Gallina

La Galleta

Color the following words that begin with the letter G.

Pinta las siguientes palabras que comienzan con la letra G.

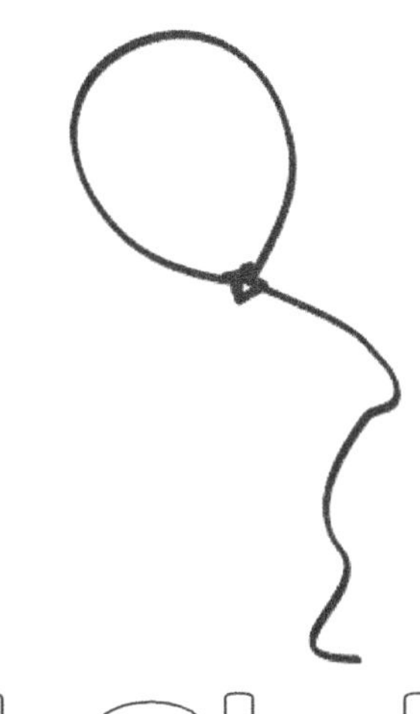

El Globo

Find the letter G and color it.

Encuentra la letra G y píntala.

Color the letter H, and trace it by following the arrows.

Pinta la letra H, y trázala siguiendo las flechas.

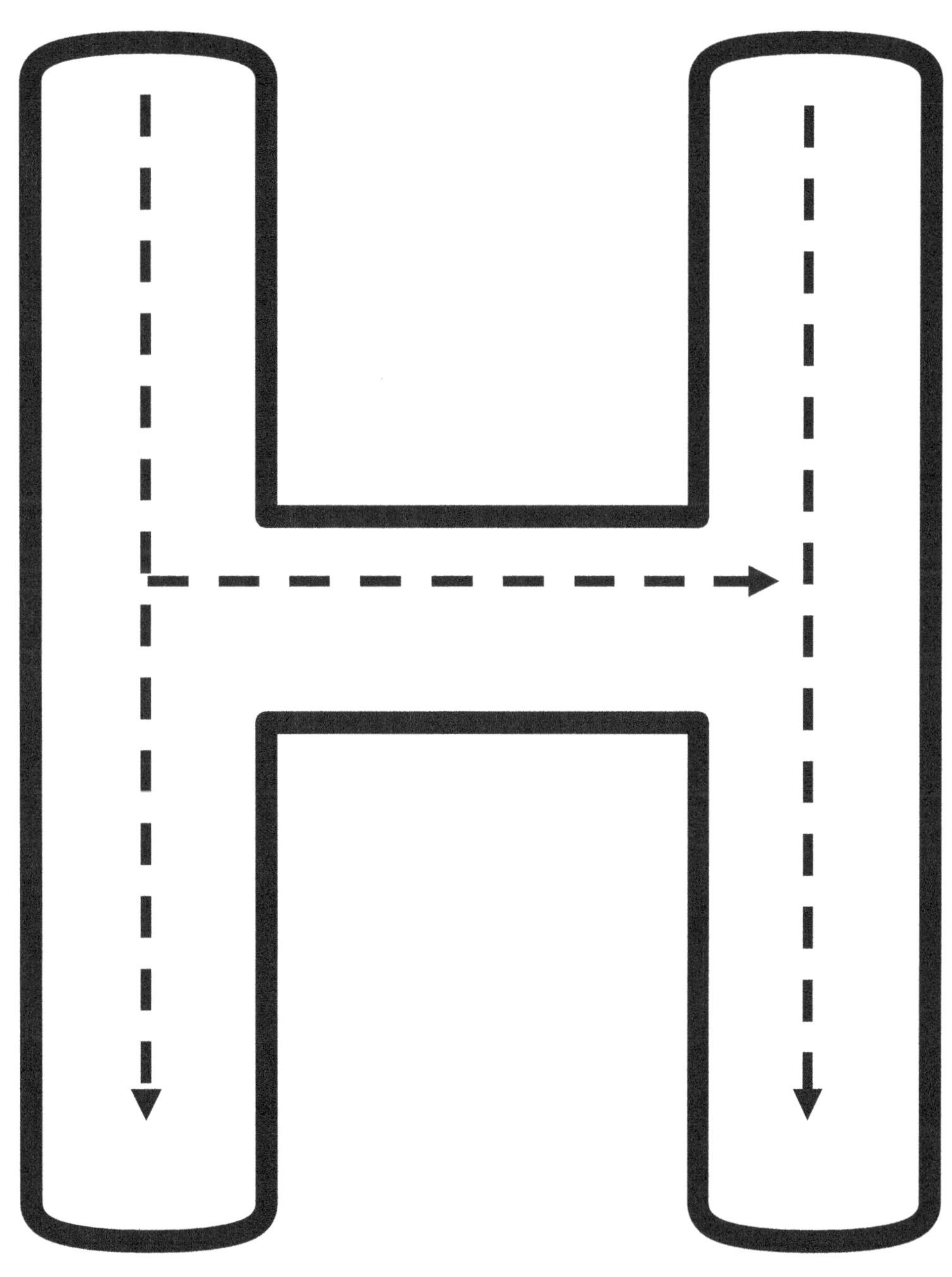

Color the letter H
and trace it by
following the
arrows.

Pinta la letra H y
trázala siguiendo
las flechas.

La Hoja

El Hacha

El Huevo

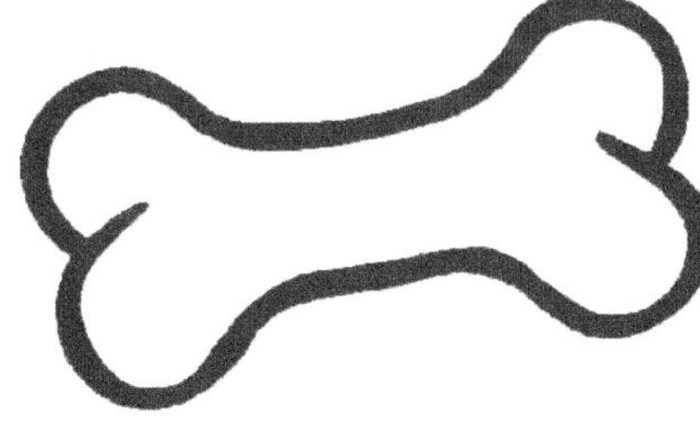

El Hueso

olor the following
ords that begin
ith the letter H.

inta las siguientes
alabras que
omienzan con la
tra H.

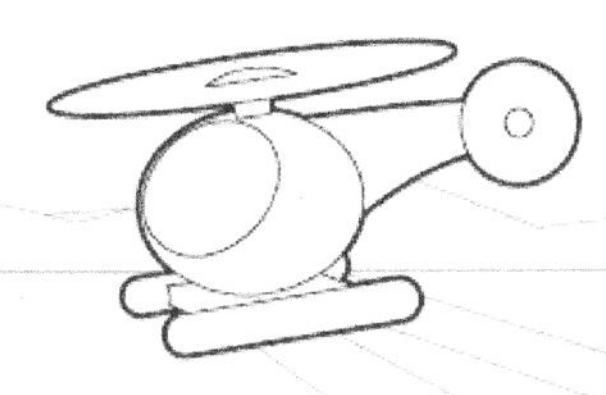

El Helicóptero

Find the letter H and color it.

Encuentra la letra H y píntala.

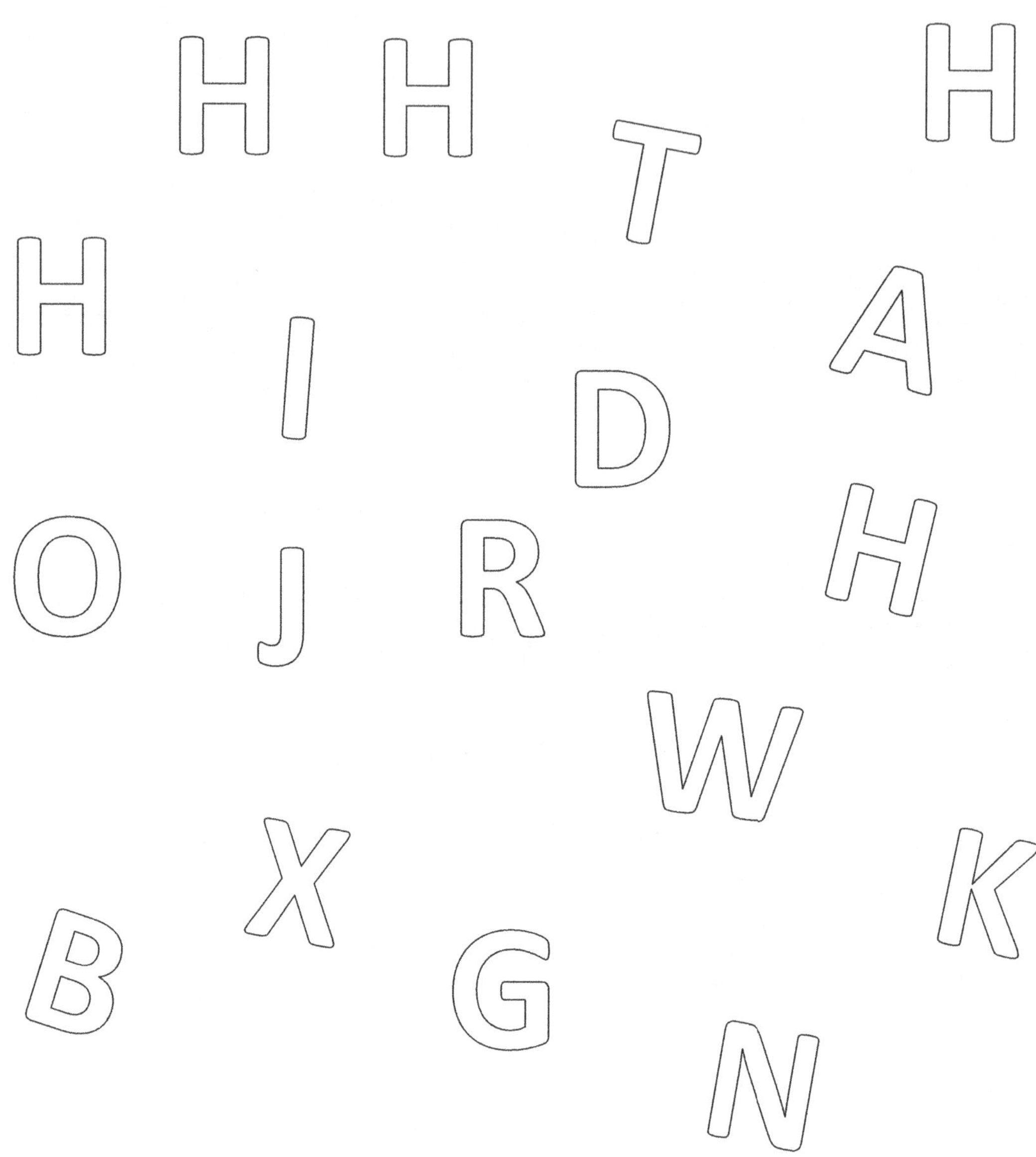

Color the letter I, and trace it by following the arrows.

Pinta la letra I, y trázala siguiendo las flechas.

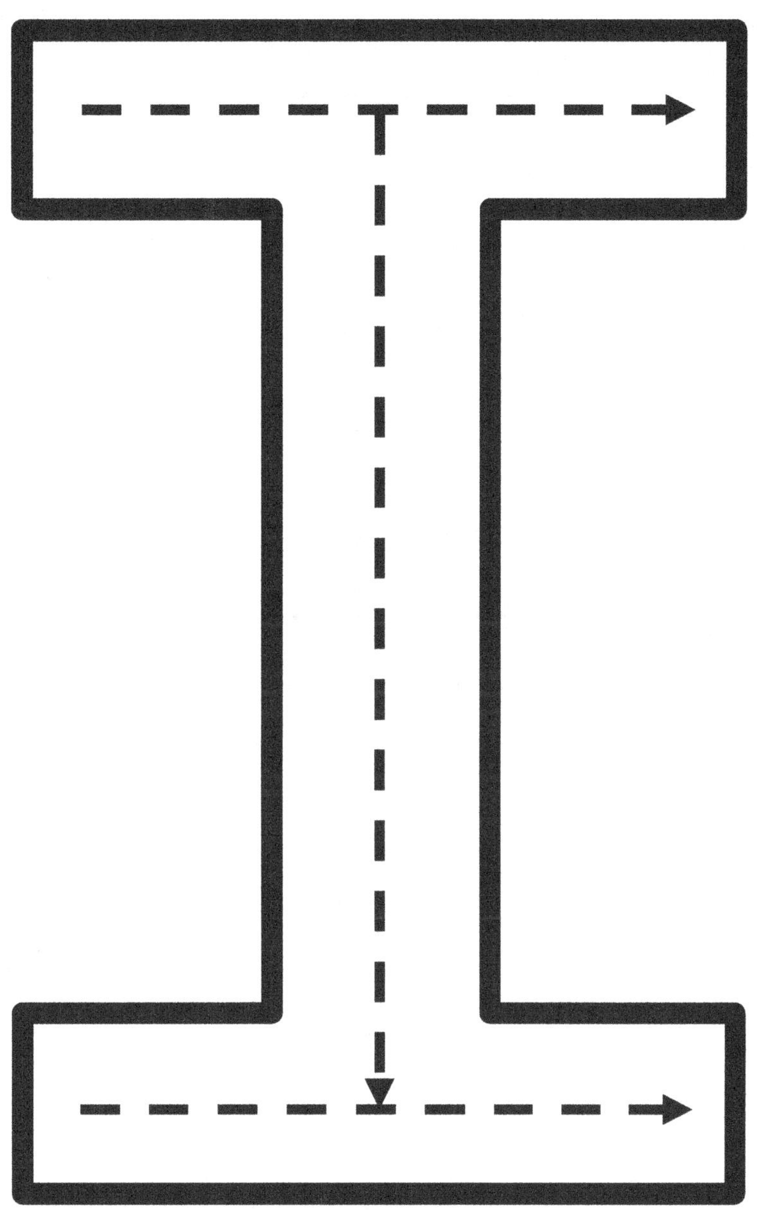

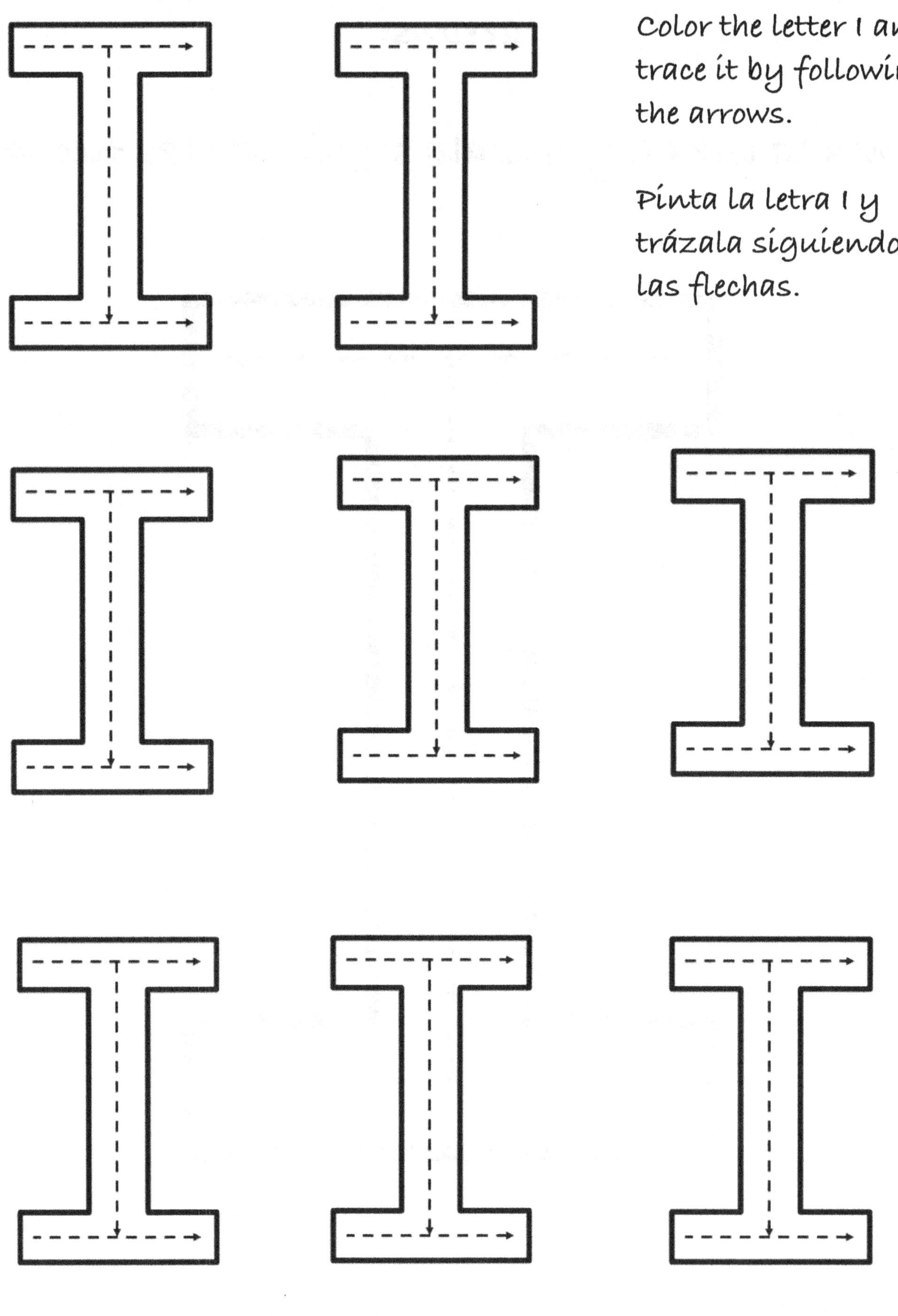

Color the letter I and trace it by following the arrows.

Pinta la letra I y trázala siguiendo las flechas.

La Iguana

La Isla

El Imán

El Iglú

Color the following words that begin with the letter I.

Pinta las siguientes palabras que comienzan con la letra I.

La Impresora

Find the letter I and color it.

Encuentra la letra I y píntala.

Color the letter J, and trace it by following the arrows.

Pinta la letra J, y trázala siguiendo las flechas.

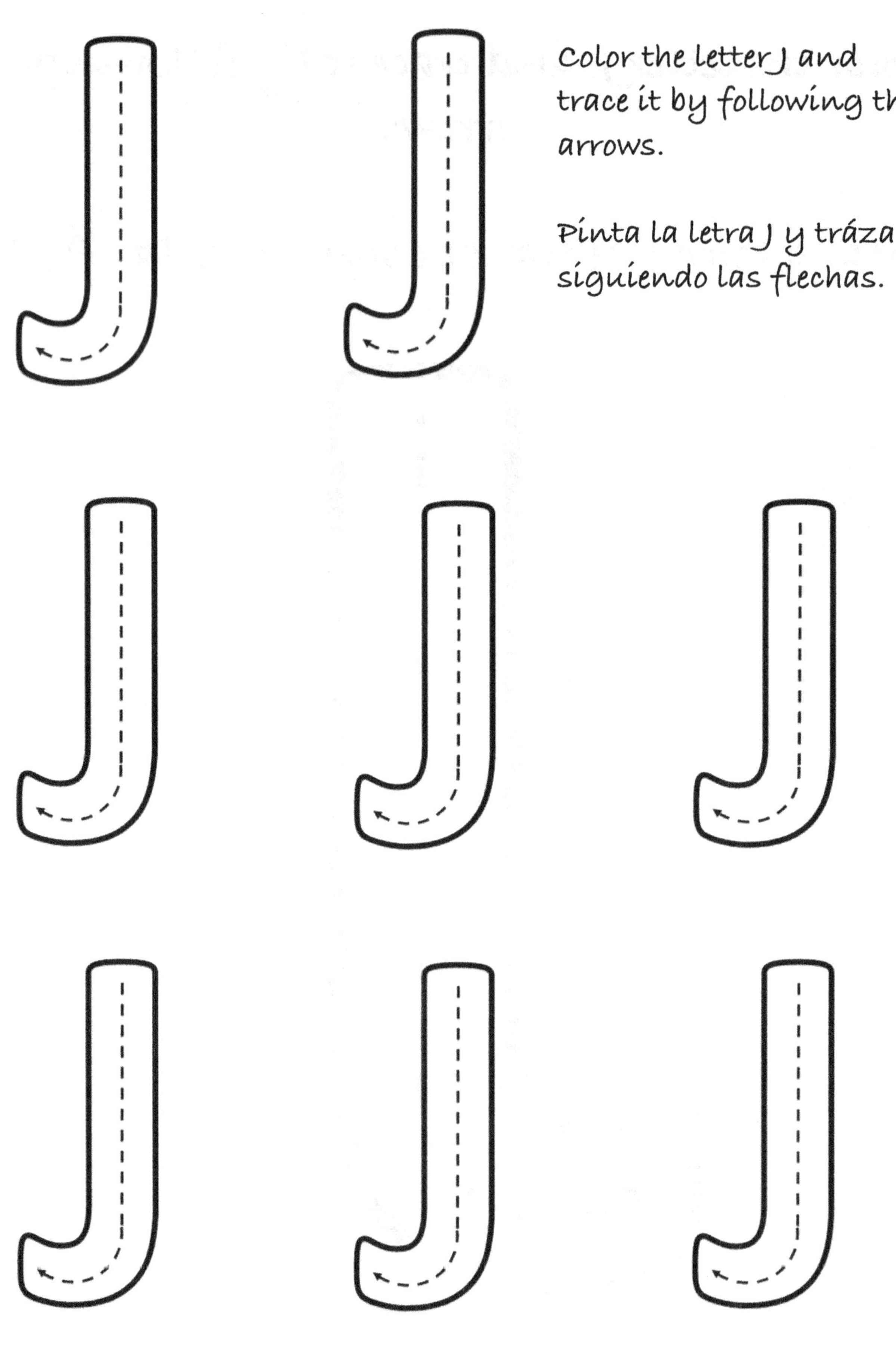

Color the letter J and trace it by following the arrows.

Pinta la letra J y trázala siguiendo las flechas.

El Jugo

El Jaguar

La Jirafa

El Jabón

Color the following words that begin with the letter J.

Pinta las siguientes palabras que comienzan con la letra J.

El Juguete

Find the letter J and color it.

Encuentra la letra J y píntala.

Color the letter K, and trace it by following the arrows.

Pinta la letra K, y trázala siguiendo las flechas.

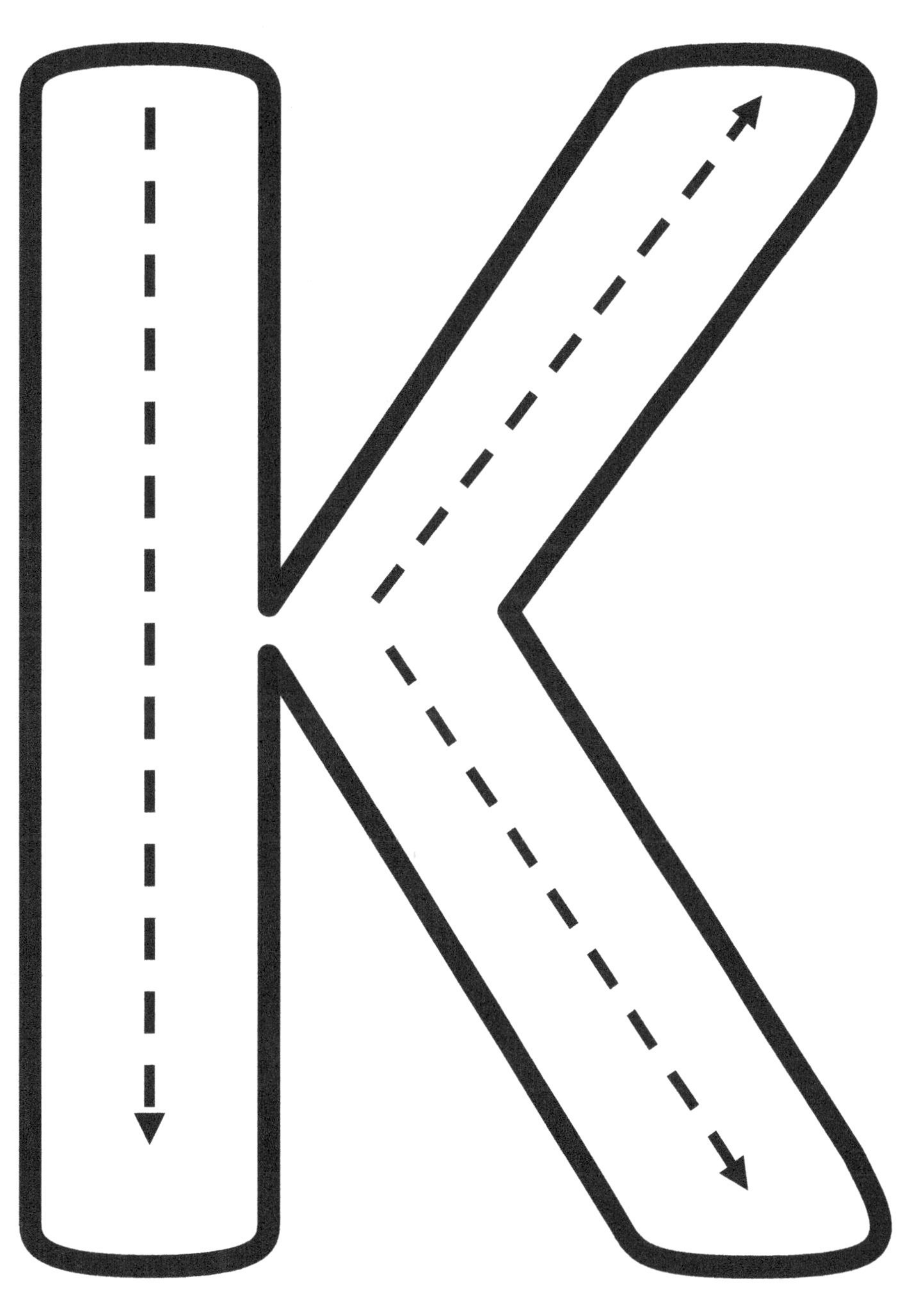

Color the letter K and trace it by following the arrows.

Pinta la letra K y trázala siguiendo las flechas.

El Kiwi

El Koala

El Karate

El Karaoke

Color the following words that begin with the letter K.

Pinta las siguientes palabras que comienzan con la letra K.

El Kimono

Find the letter K and color it.

Encuentra la letra K y píntala.

Color the letter L, and trace it by following the arrows.

Pinta la letra L, y trázala siguiendo las flechas.

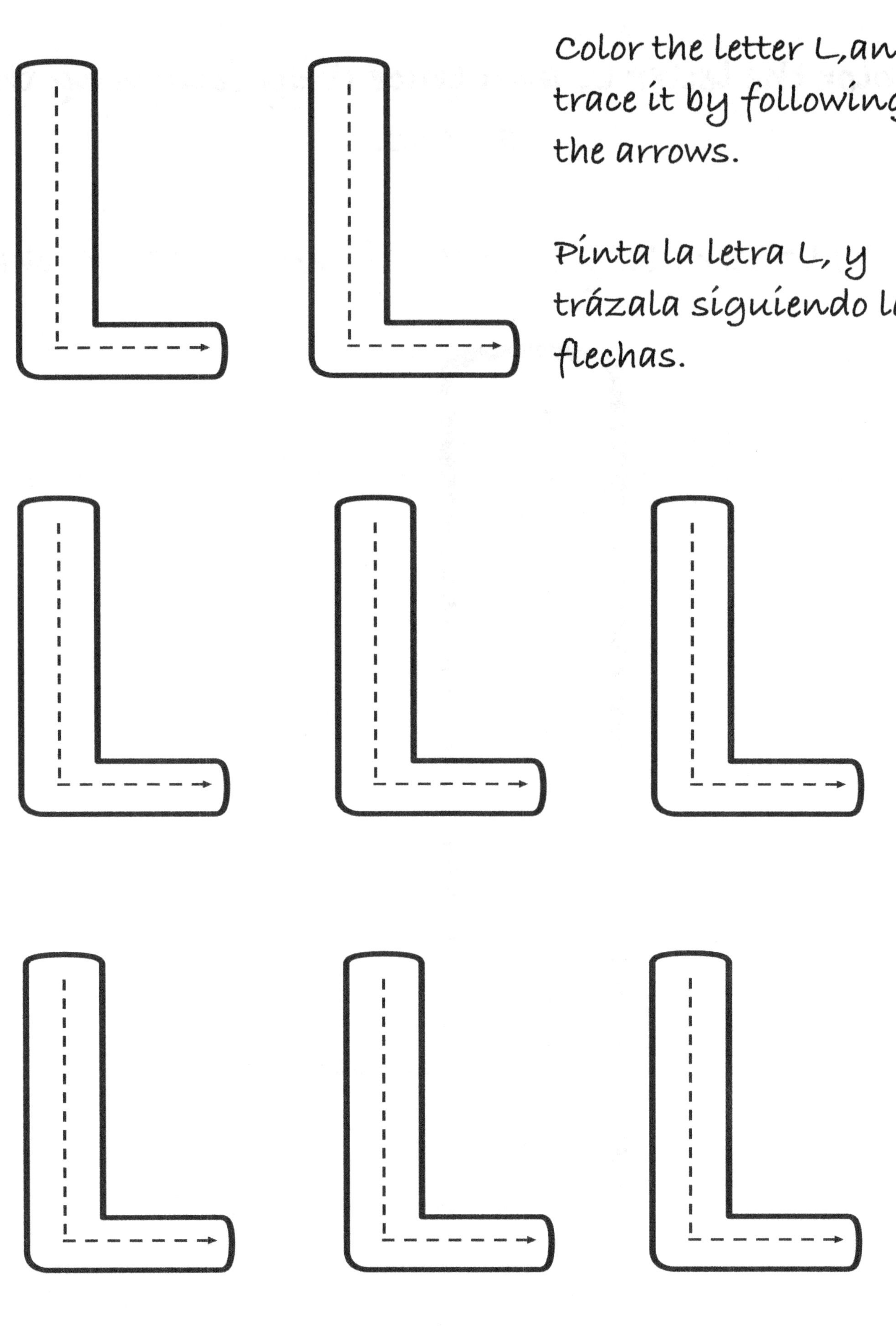

Color the letter L, and trace it by following the arrows.

Pinta la letra L, y trázala siguiendo las flechas.

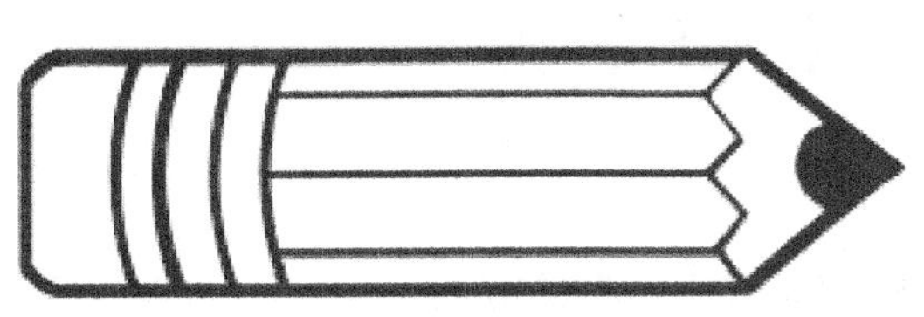

El Lápiz

El León

El Libro

La Lámpara

Color the following words that begin with the letter L.

Pinta las siguientes palabras que comienzan con la letra L.

El Lobo

Find the letter L and color it.

Encuentra la letra L y píntala.

Color the letter M, and trace it by following the arrows.

Pinta la letra M, y trázala siguiendo las flechas.

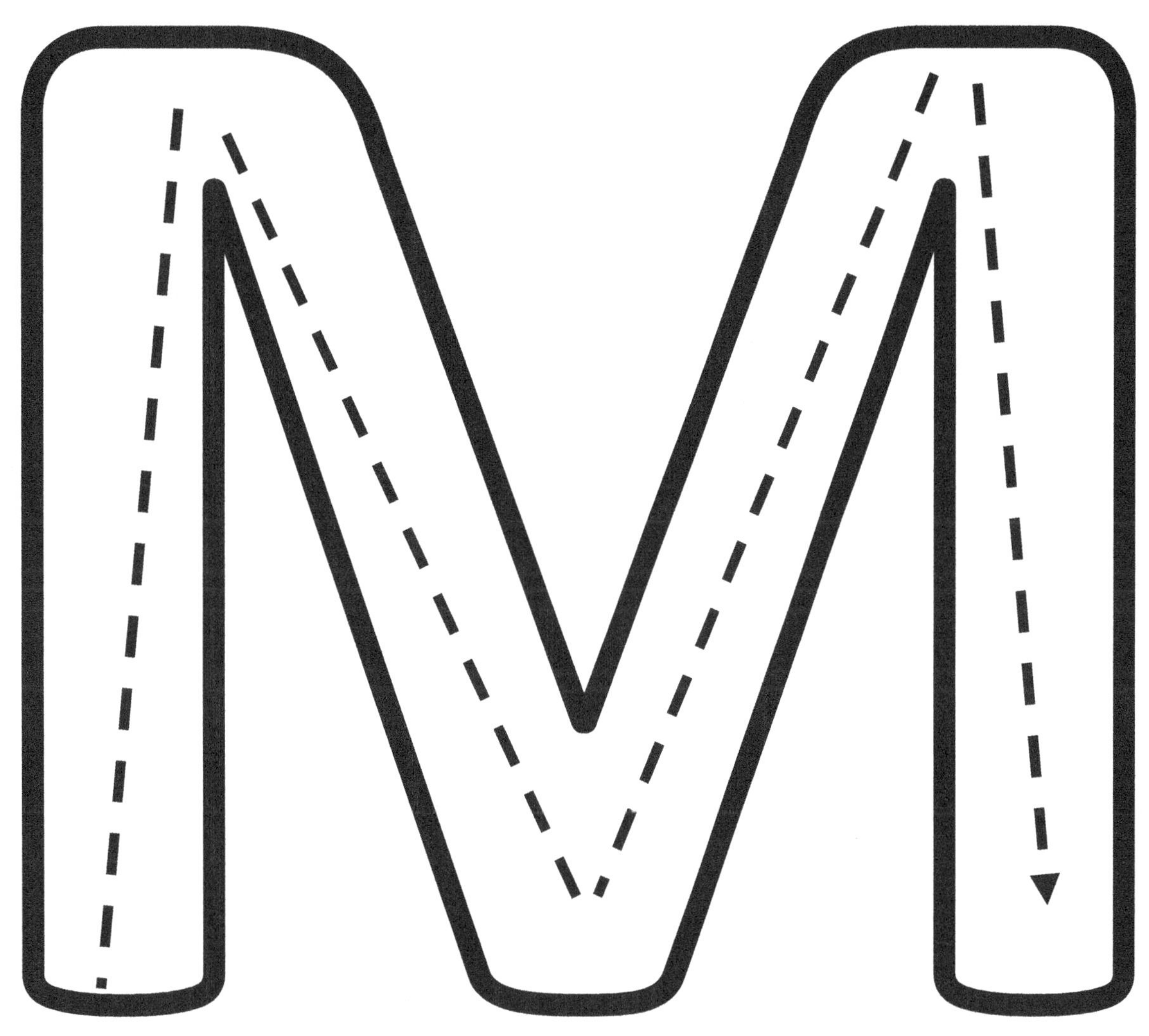

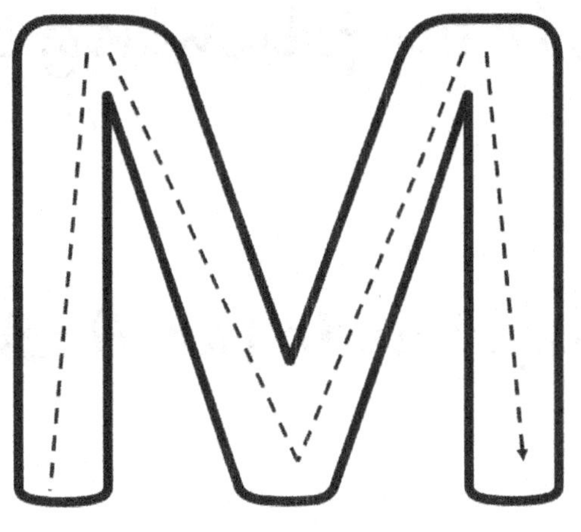

Color the letter M and
trace it by following
the arrows.

Pinta la letra M y
trázala siguiendo las
flechas.

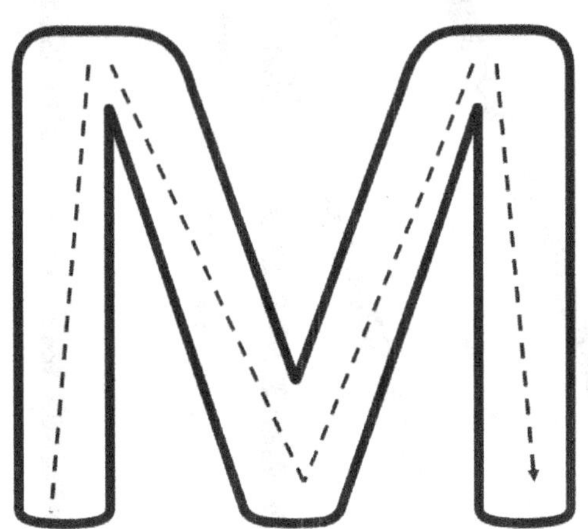

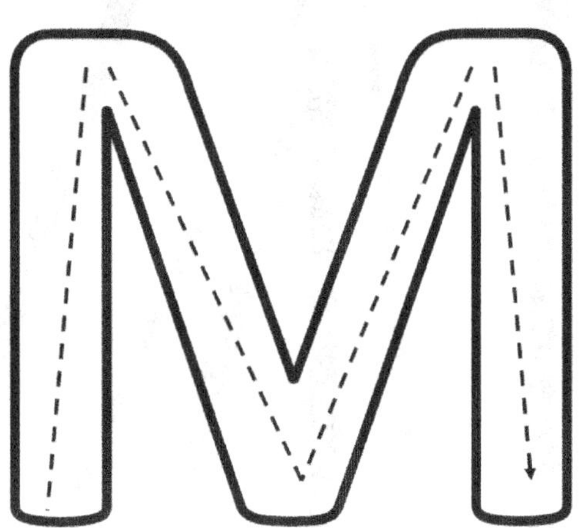

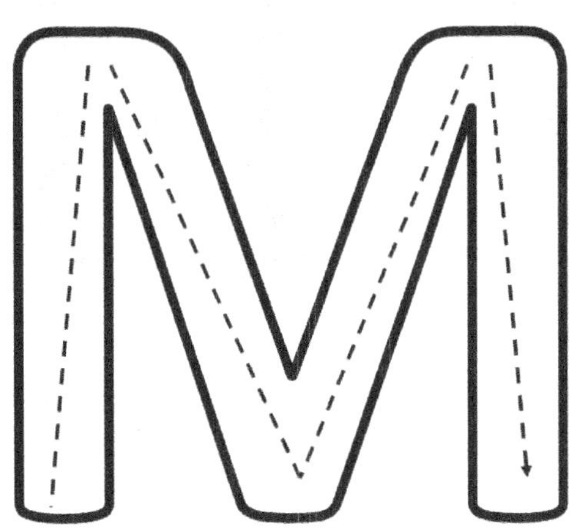

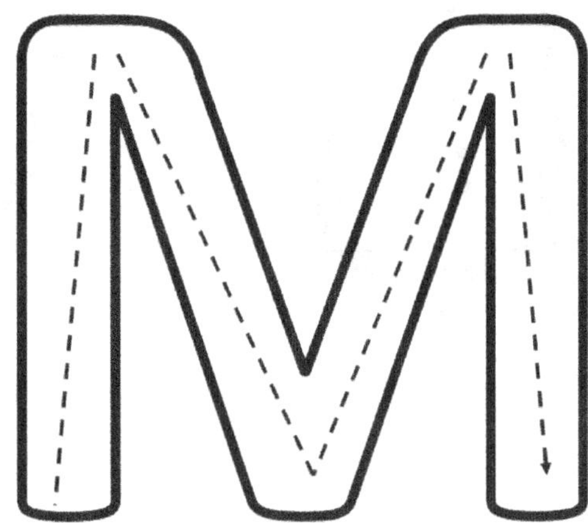

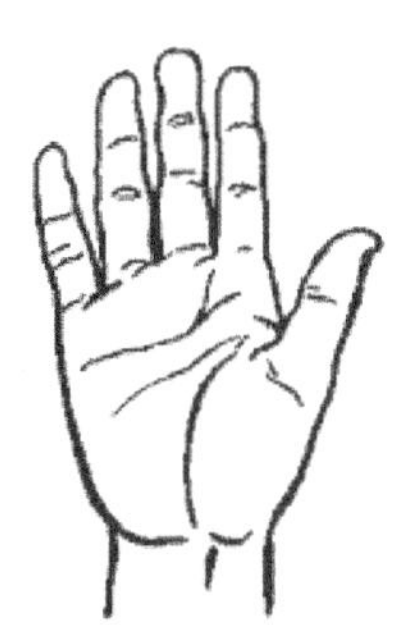

La Mano

La Manzana

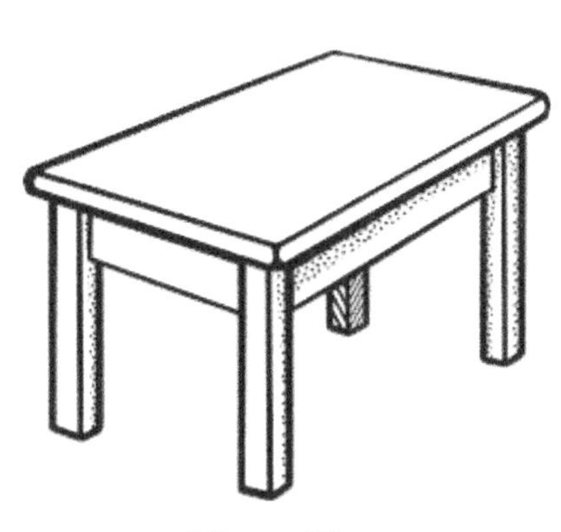

La Mesa

La Mochila

Color the following words that begin with the letter M.

Pinta las siguientes palabras que comienzan con la letra M.

La Montaña

Find the letter M and color it.

Encuentra la letra M y píntala.

Color the letter N, and trace it by following the
arrows.

Pinta la letra N, y trázala siguiendo las flechas.

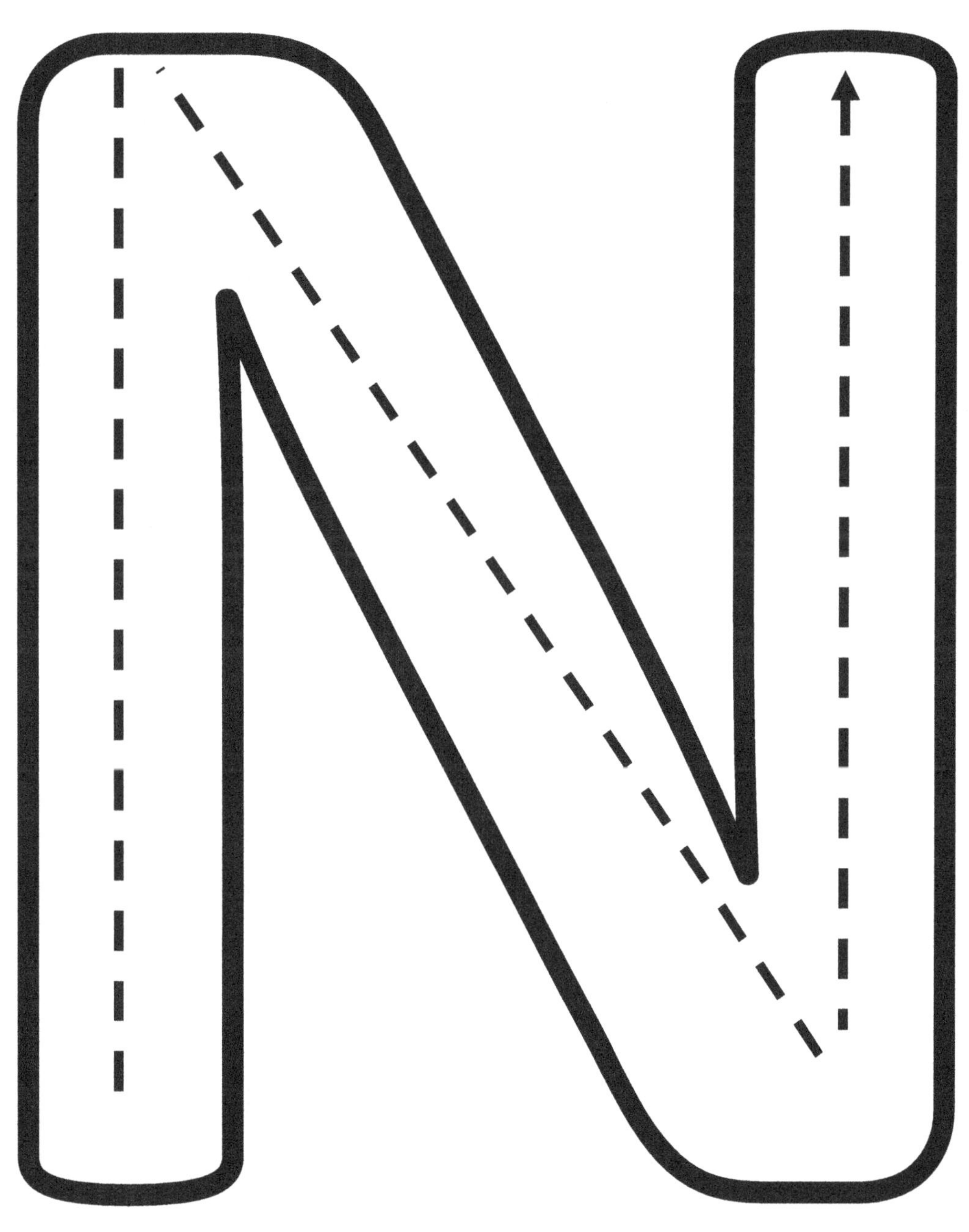

Color the letter N and trace it by following the arrows.

Pinta la letra N y trázala siguiendo las flechas.

El Niño

La Nube

La Nariz

La Natación

Color the following words that begin with the letter N.

Pinta las siguientes palabras que comienzan con la letra N.

La Naranja

Find the letter N and color it.

Encuentra la letra N y píntala.

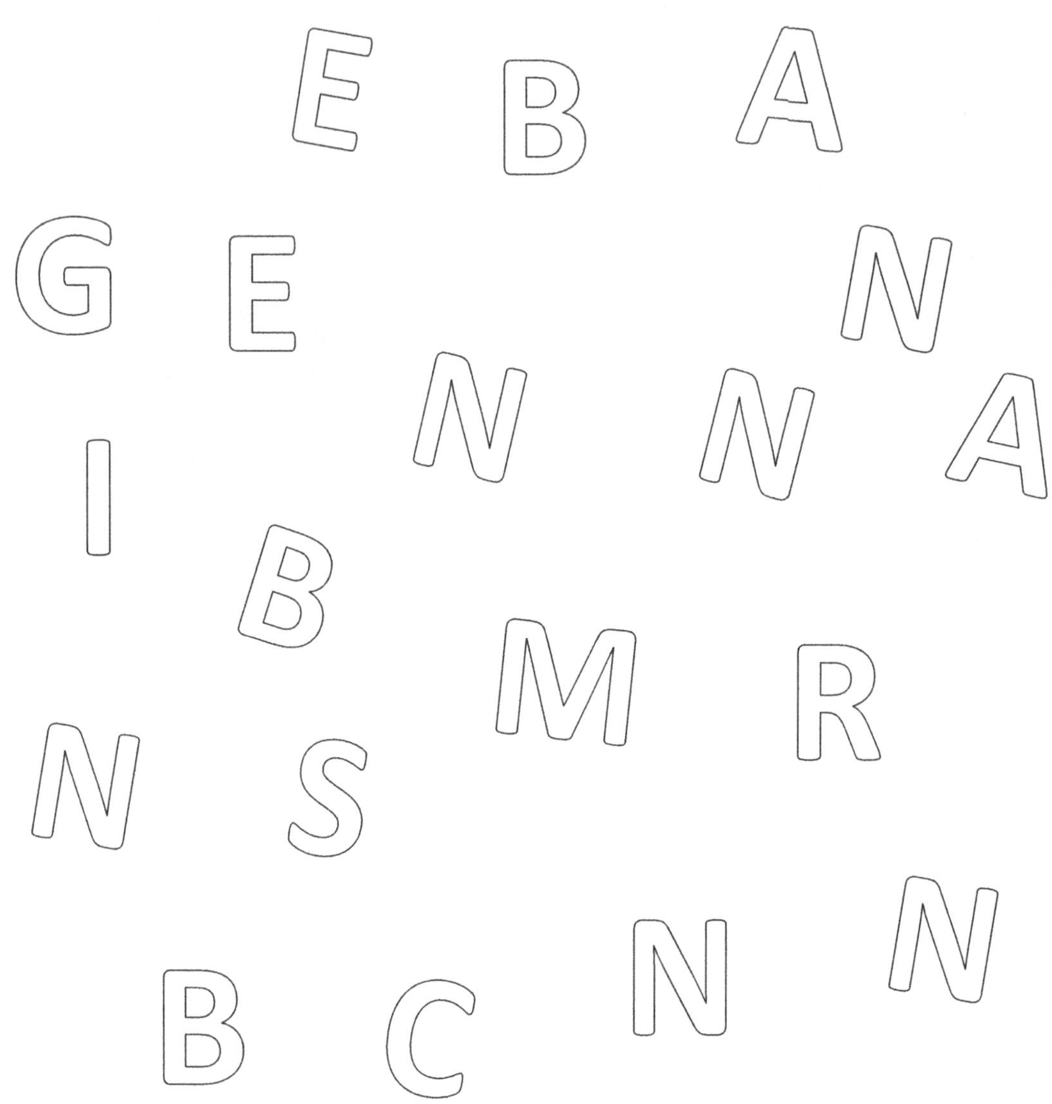

Color the letter Ñ, and trace it by following the arrows.

Pinta la letra Ñ, y trázala siguiendo las flechas.

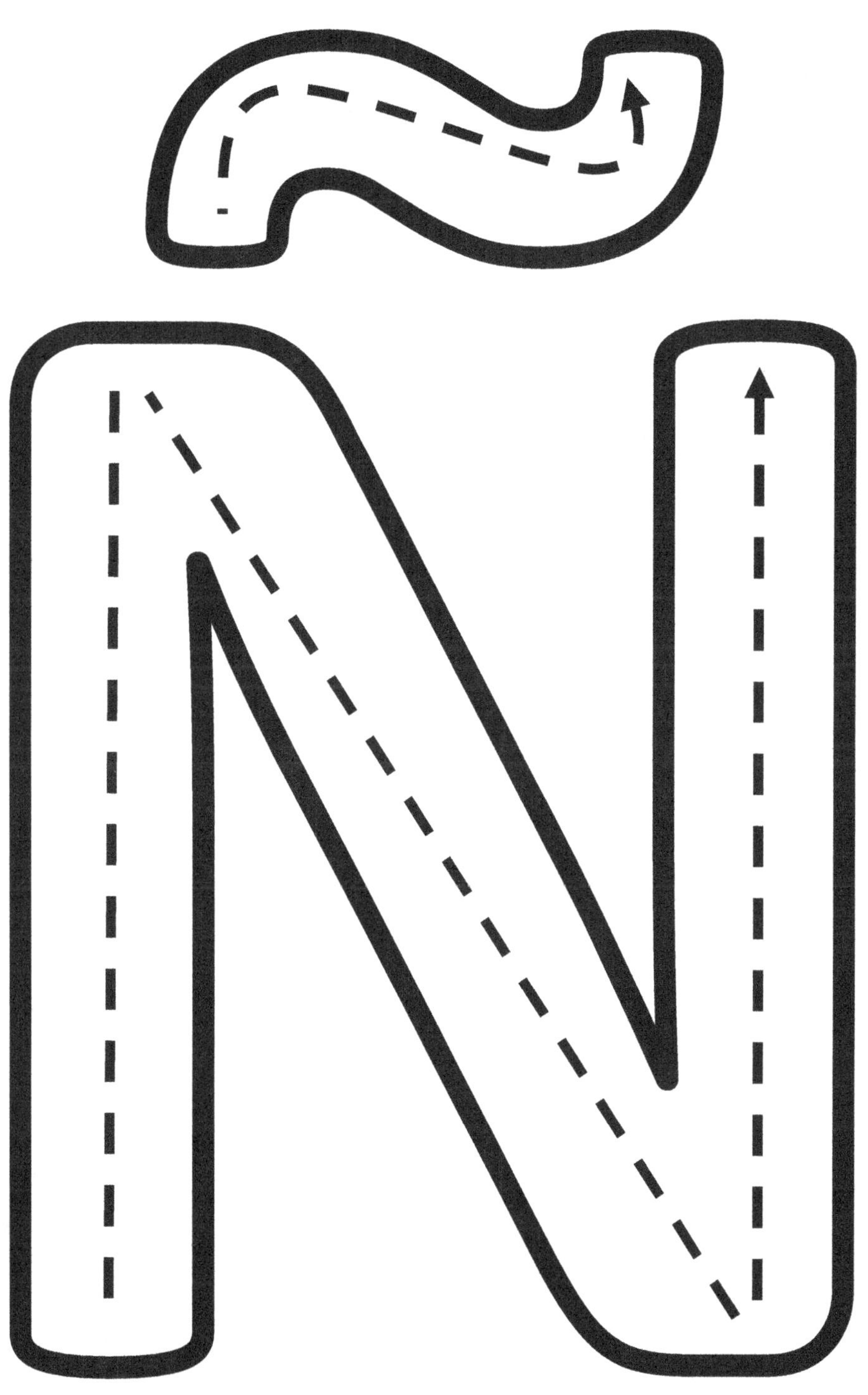

Color the letter Ñ and trace it by following the arrows.

Pinta la letra Ñ y trázala siguiendo las flechas.

El Ñu

El Ñame

El MoÑo

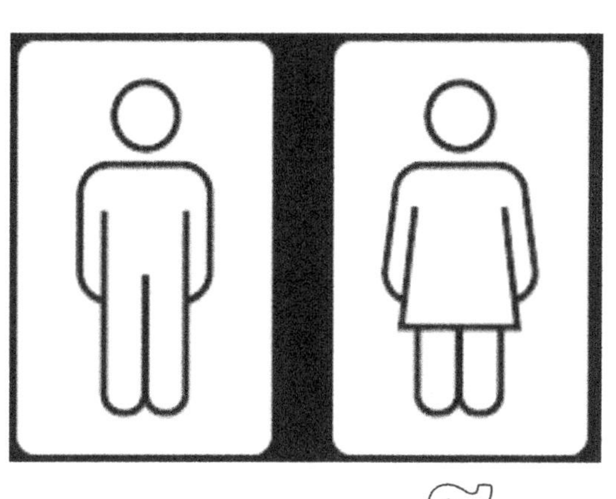

El BaÑo

Color the following
words that begin with,
or have the letter Ñ.

Pinta las siguientes
palabras que
comienzan, o contienen
la letra Ñ.

El Ñandu

Find the letter Ñ and color it.

Encuentra la letra Ñ y píntala.

Color the letter O and trace it by following the
arrows.

Pinta la letra O, y trázala siguiendo las flechas

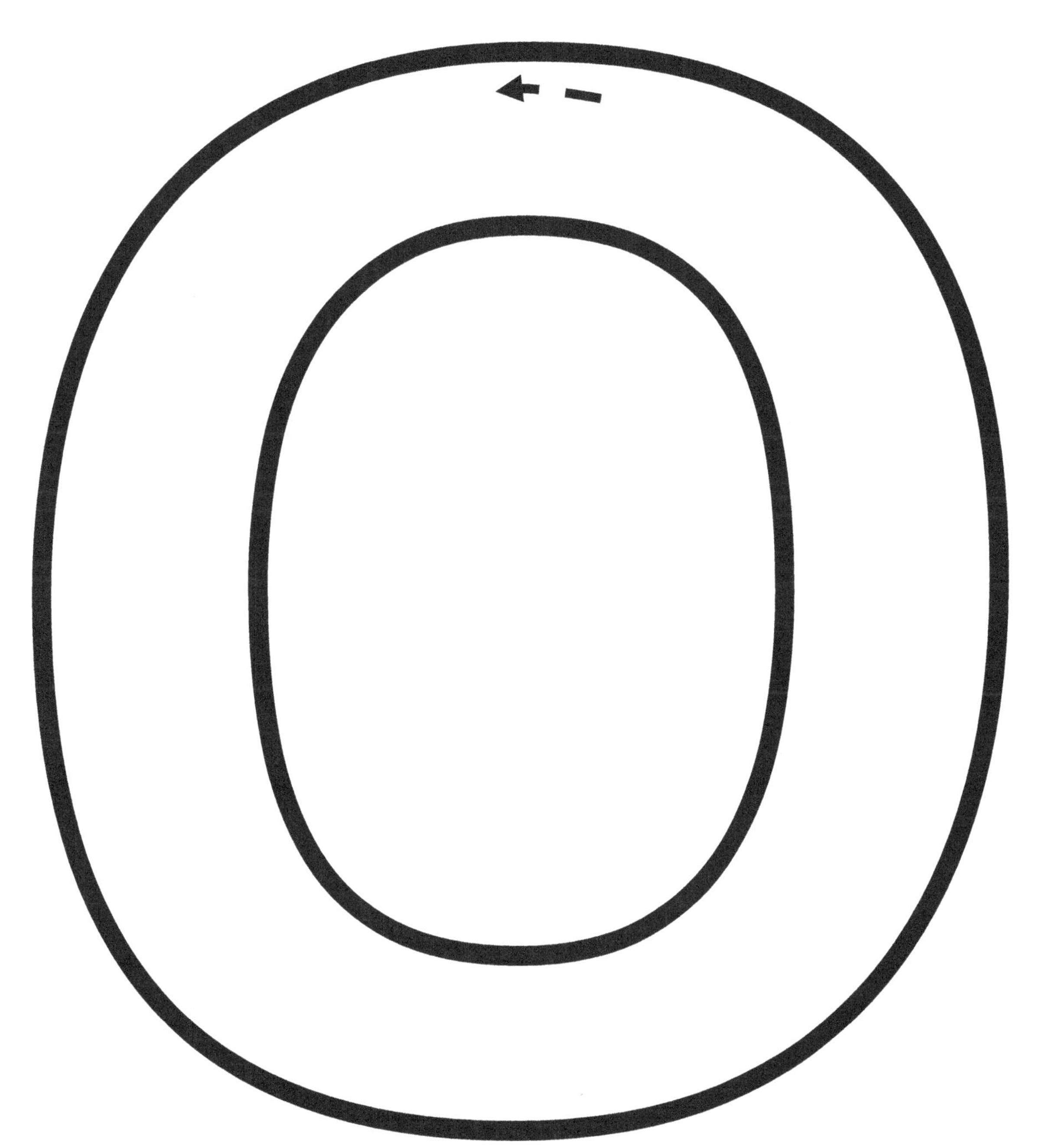

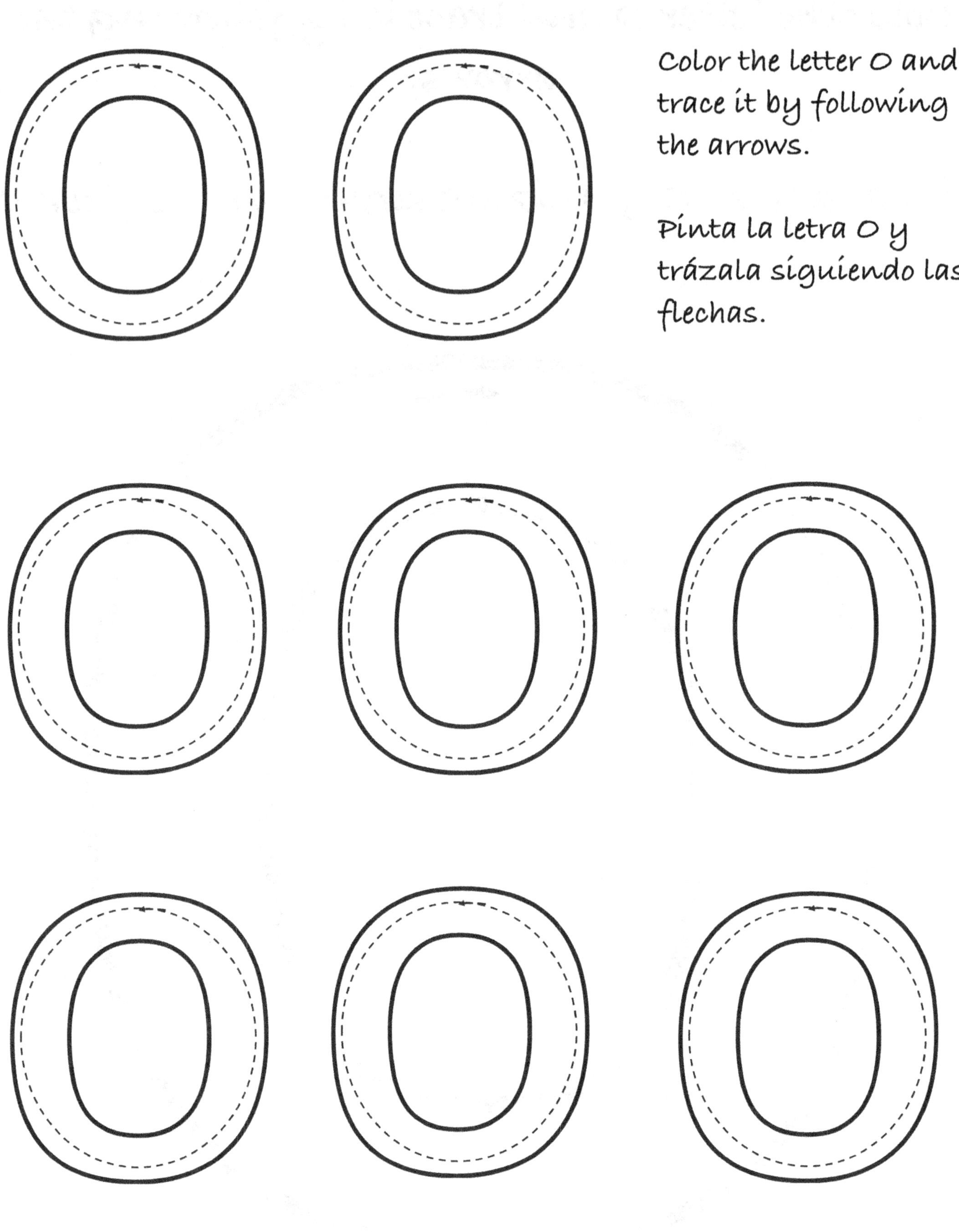

Color the letter O and trace it by following the arrows.

Pinta la letra O y trázala siguiendo las flechas.

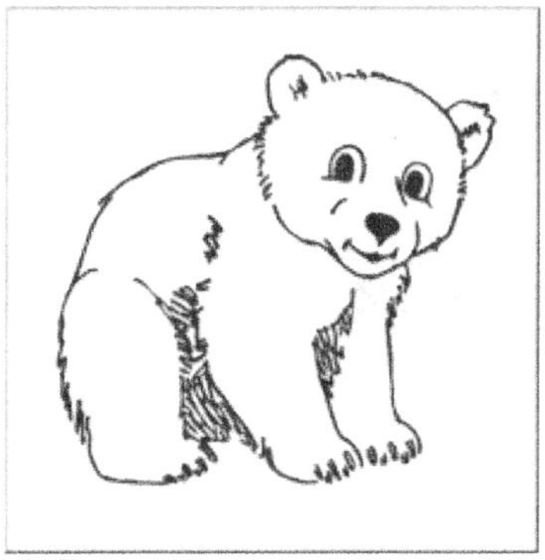

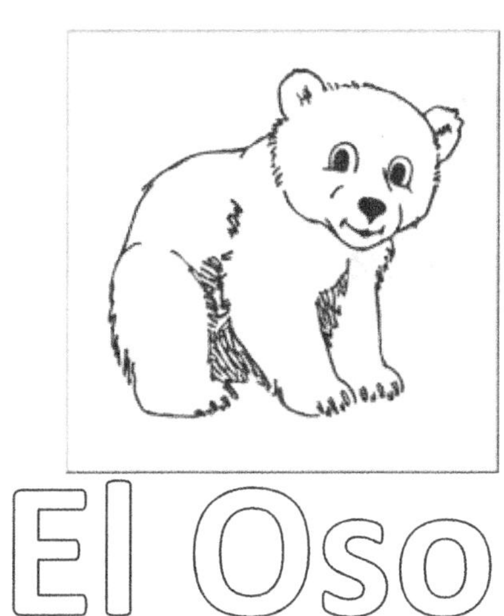

El Oso

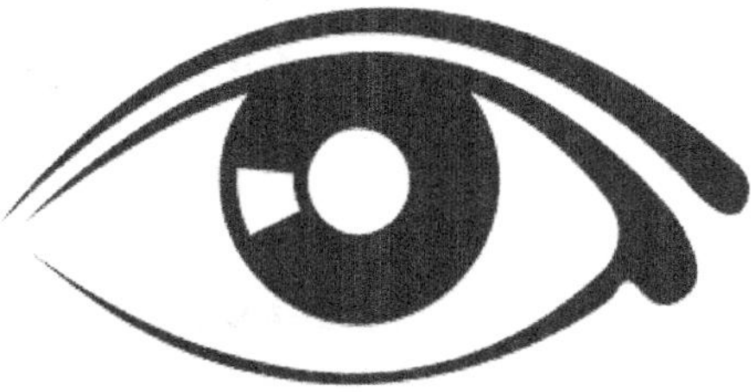

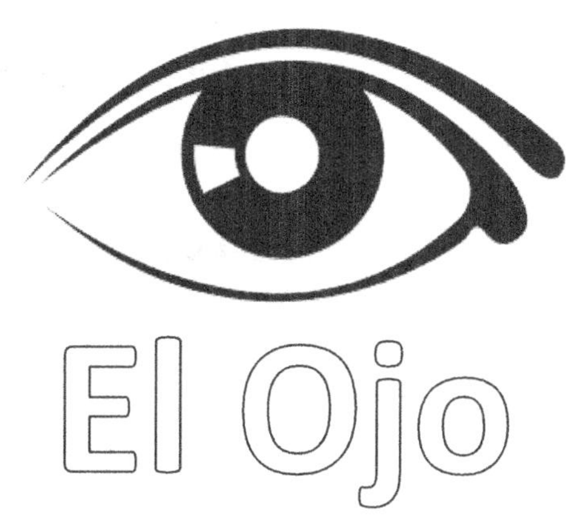

El Ojo

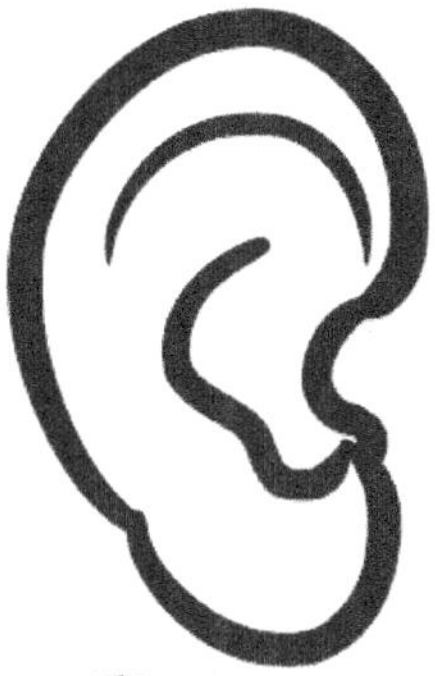

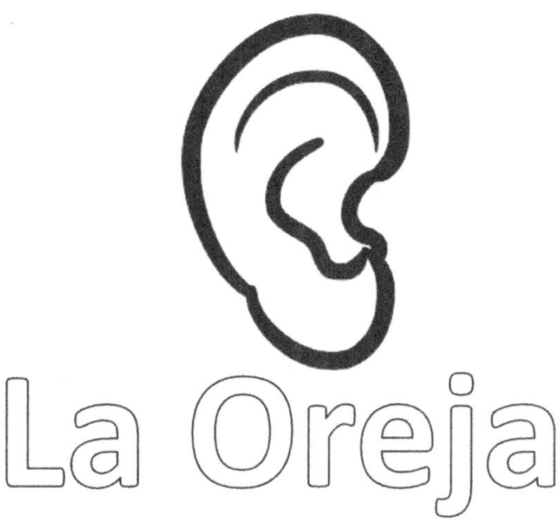

La Oreja

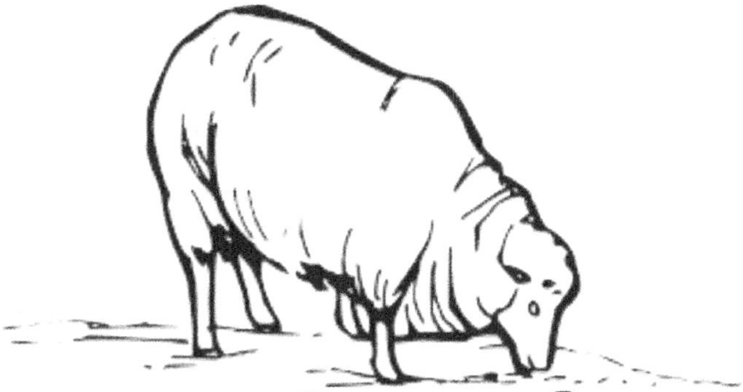

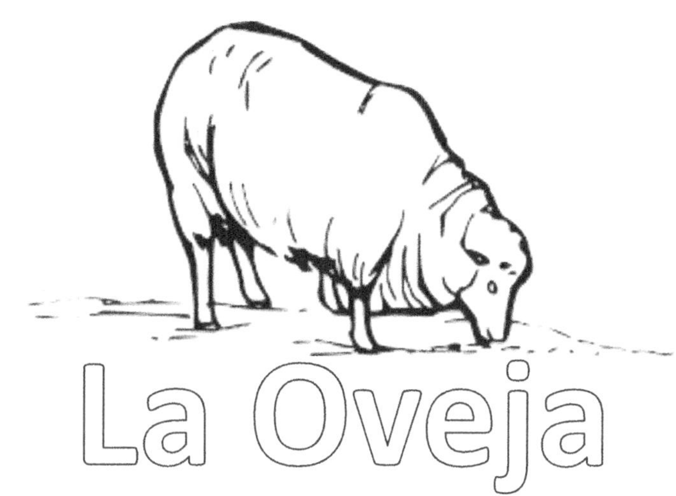

La Oveja

Color the following words that begin with the letter O.

Pinta las siguientes palabras que comienzan con la letra O.

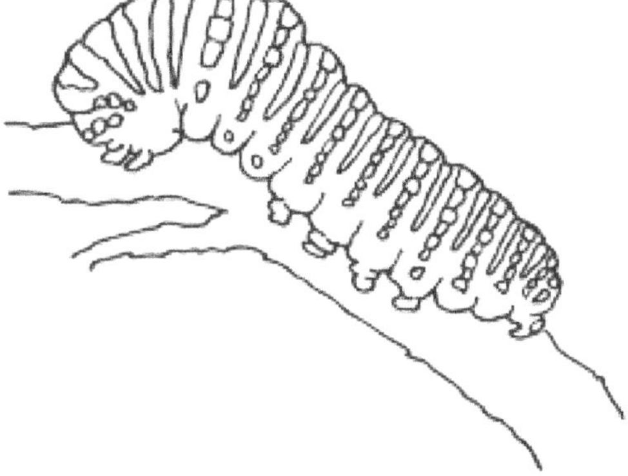

La Oruga

Find the letter O and color it.

Encuentra la letra O y píntala.

Color the letter P and trace it by following the arrows.

Pinta la letra P, y trázala siguiendo las flechas

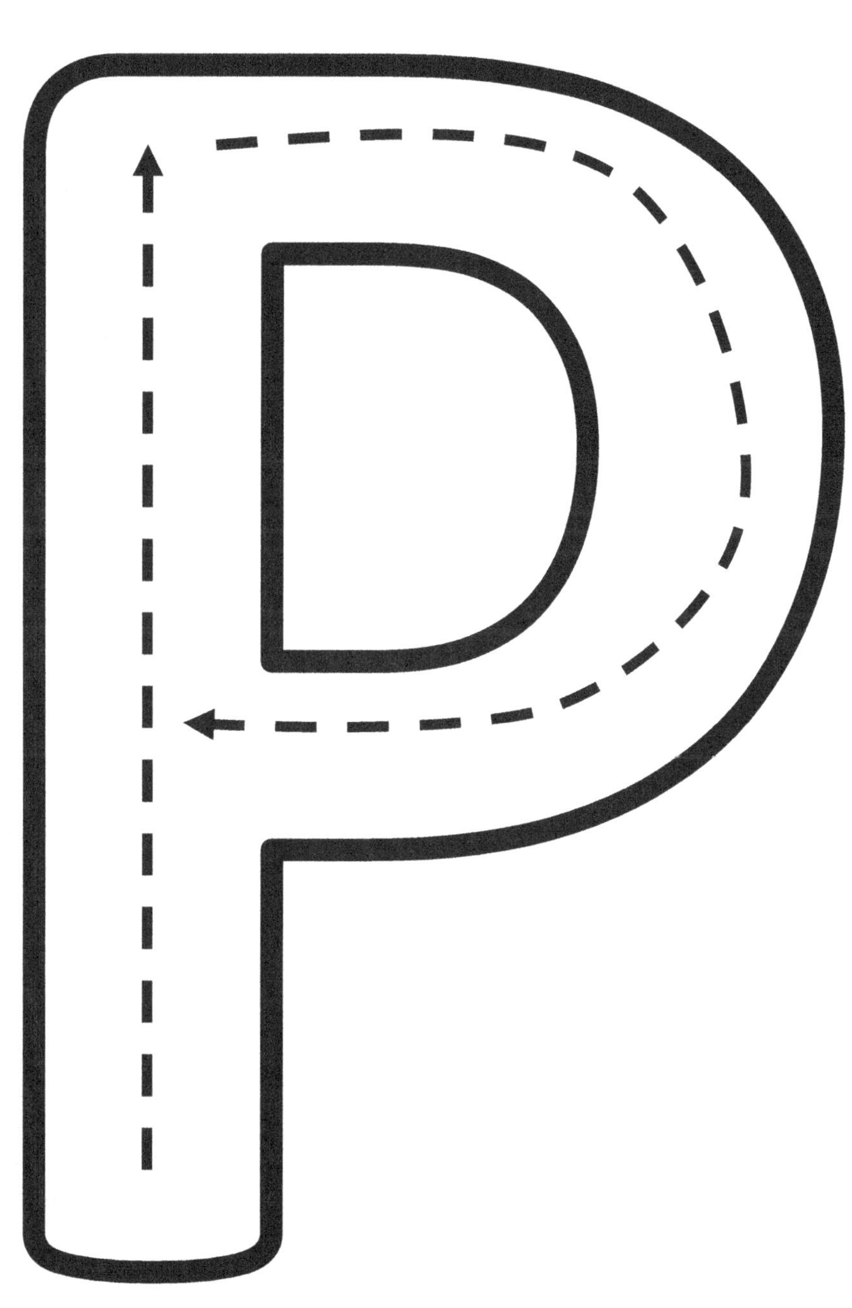

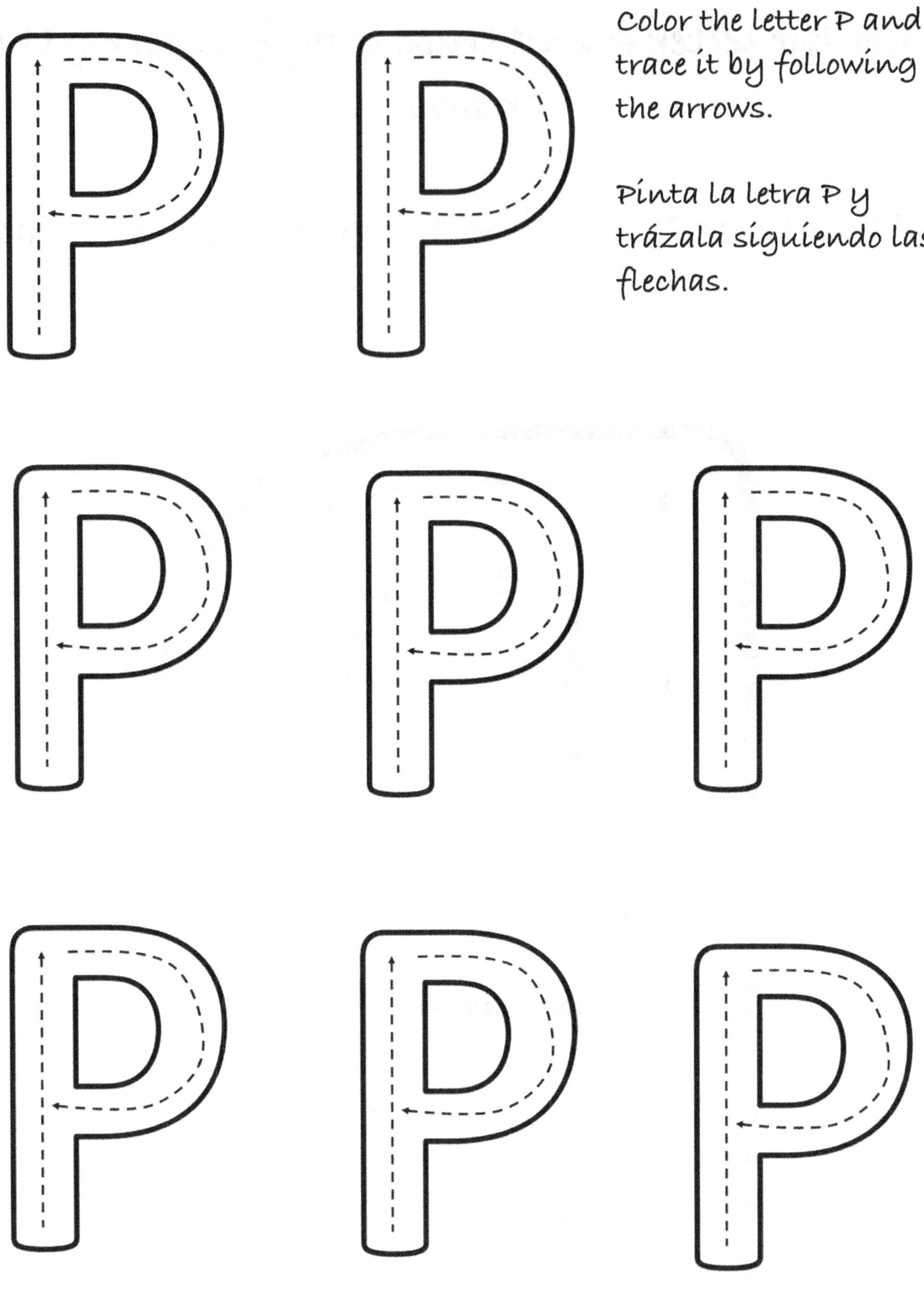

Color the letter P and trace it by following the arrows.

Pinta la letra P y trázala siguiendo las flechas.

El Pez

La Pelota

El Pato

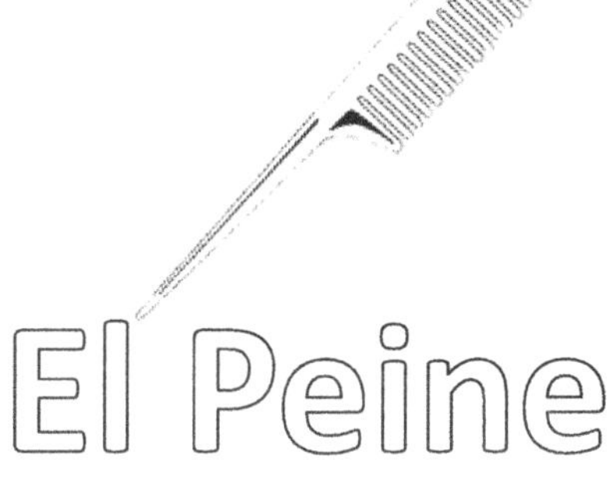

El Peine

Color the following words that begin with the letter P.

Pinta las siguientes palabras que comienzan con la letra P.

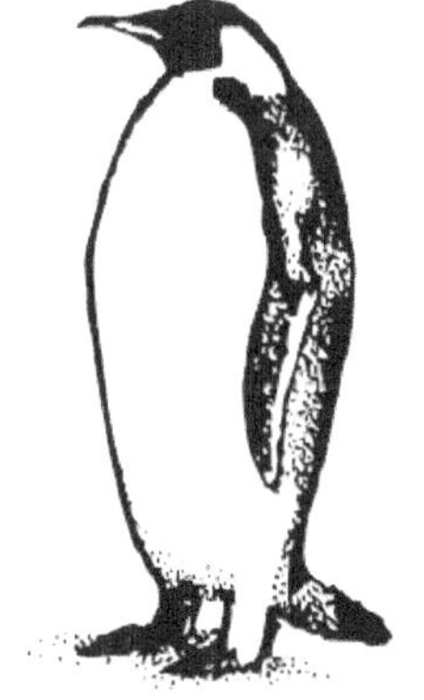

El Pingüino

Find the letter P and color it.

Encuentra la letra P y píntala.

Color the letter Q, and trace it by following the arrows.

Pinta la letra Q, y trázala siguiendo las flechas

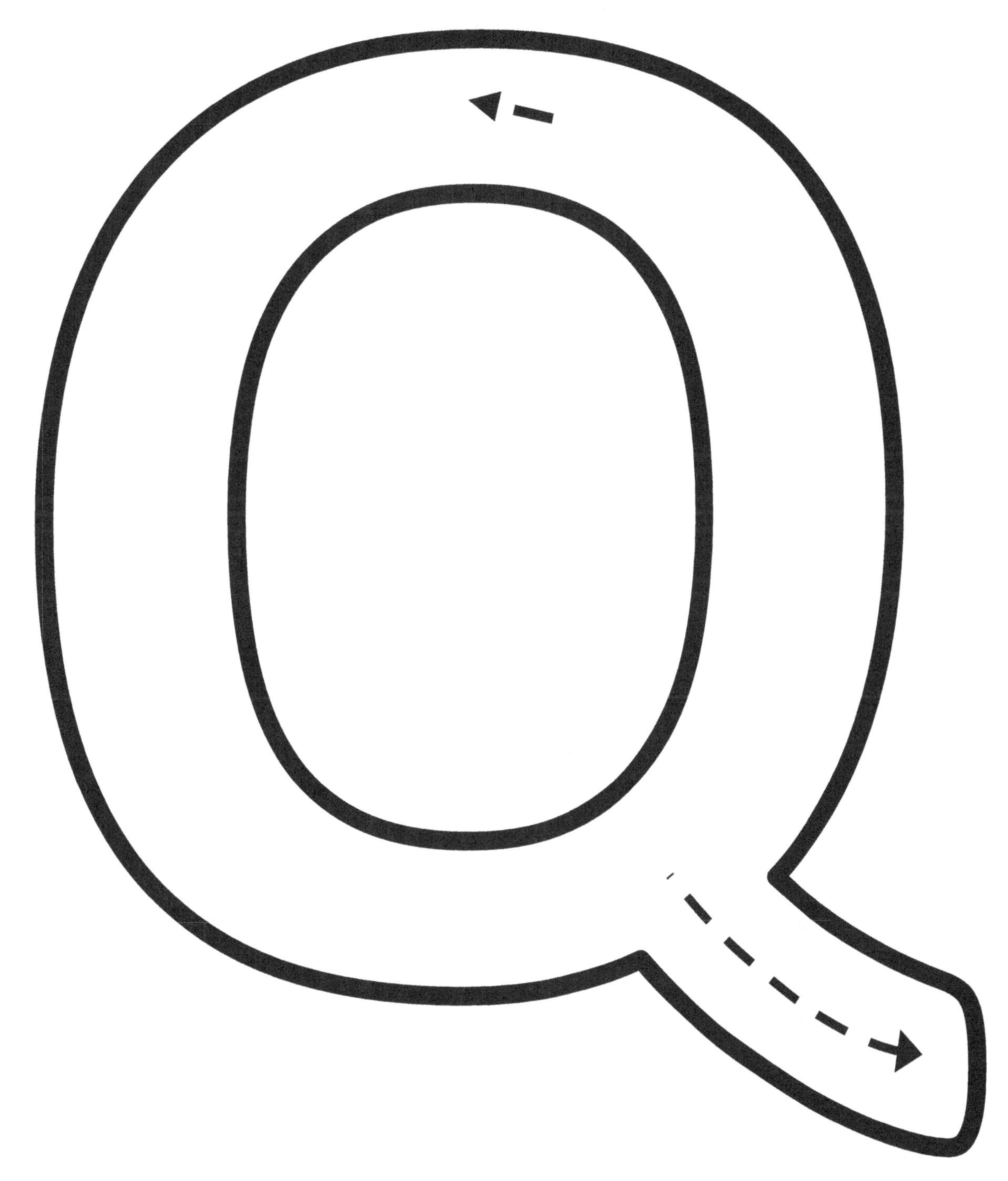

Color the letter Q
and trace it by
following the
arrows.

Pinta la letra Q y
trázala siguiendo
las flechas.

El Queso

La Química

Color the following words that begin with the letter Q

Pinta las siguientes palabras que comienzan con la letra Q

El Querer

El Don Quijote

La Quemadura

Find the letter Q and color it.

Encuentra la letra Q y pintala.

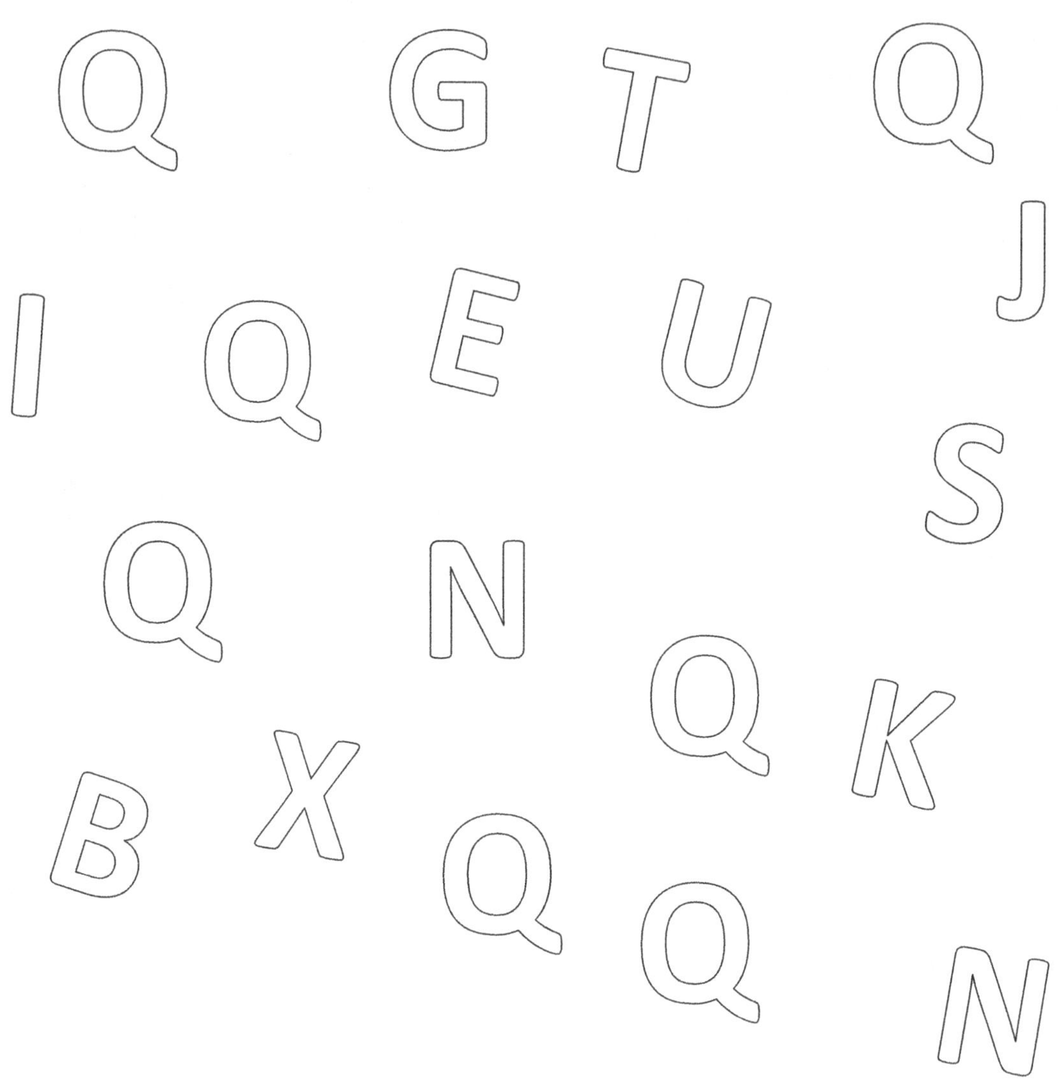

Color the letter R, and trace it by following the
arrows.

Pinta la letra R, y trázala siguiendo las flechas

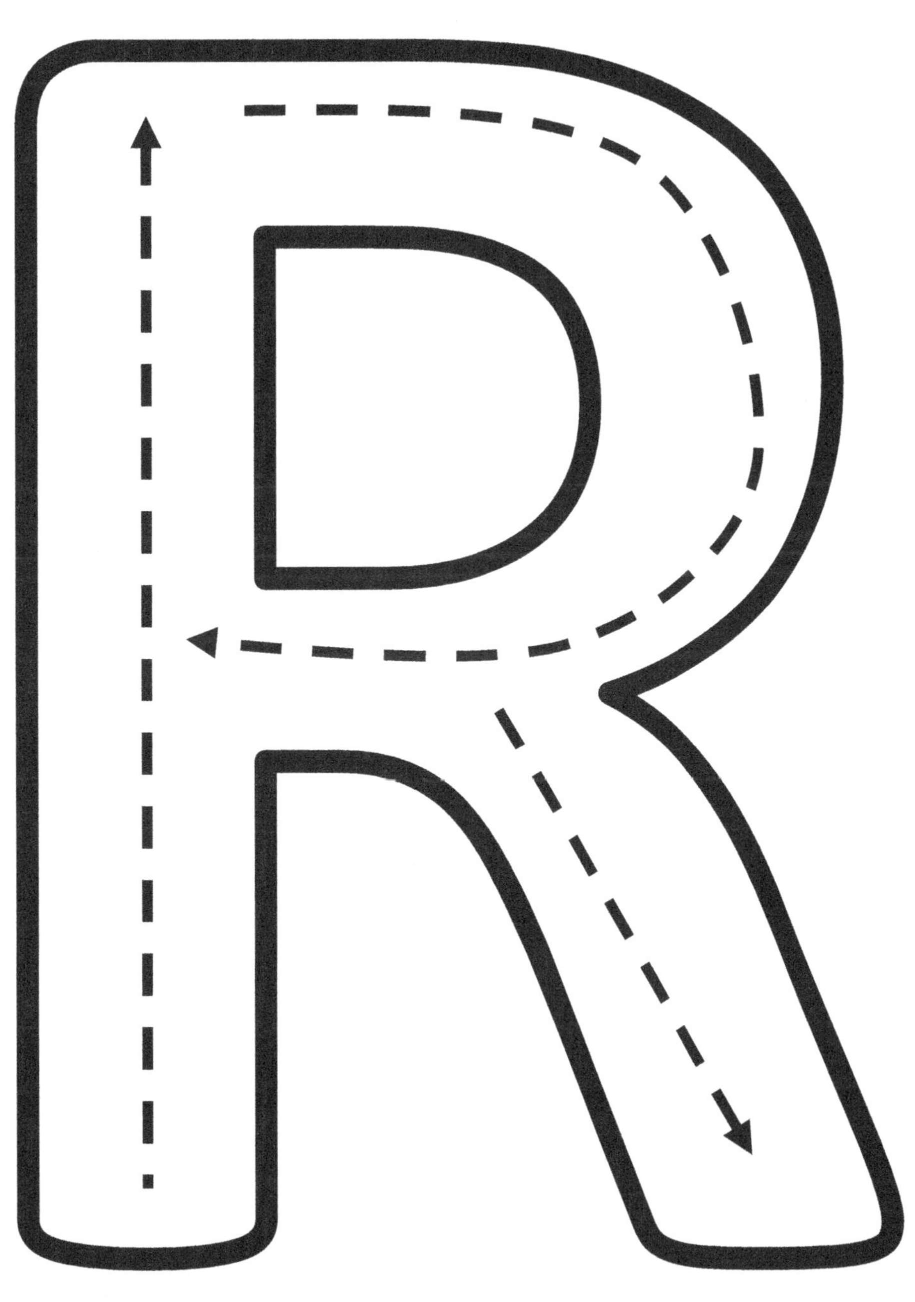

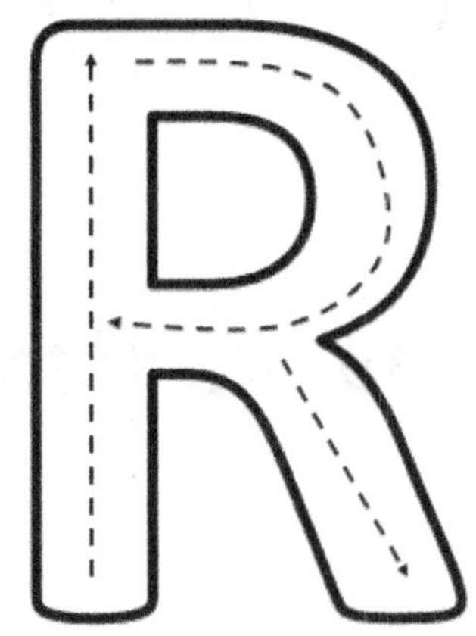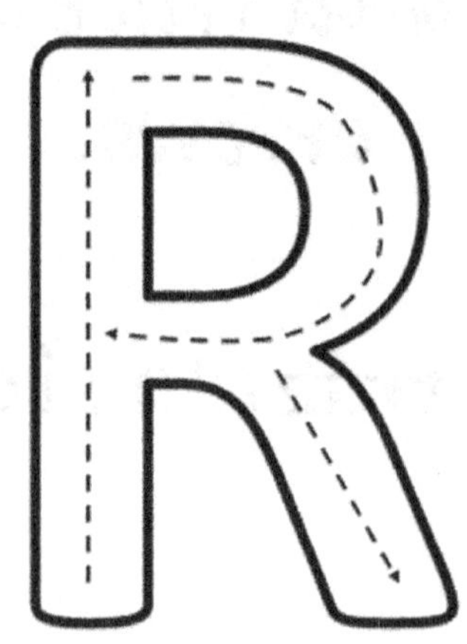

Color the letter R
and trace it by
following the arrows.

Pinta la letra R y
trázala siguiendo
las flechas.

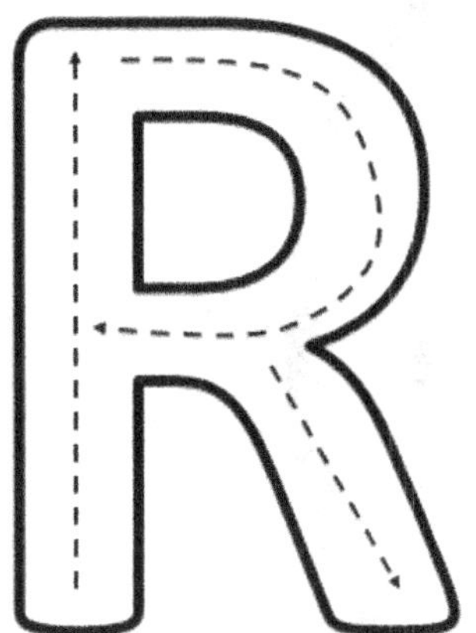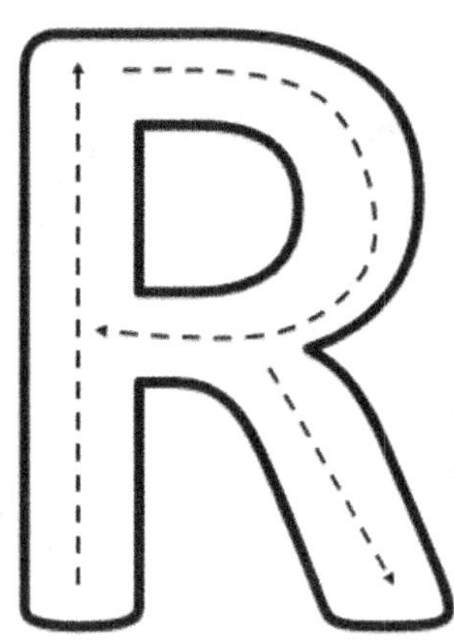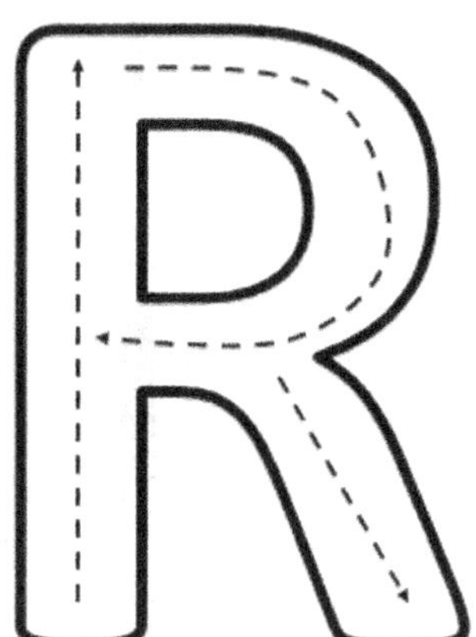

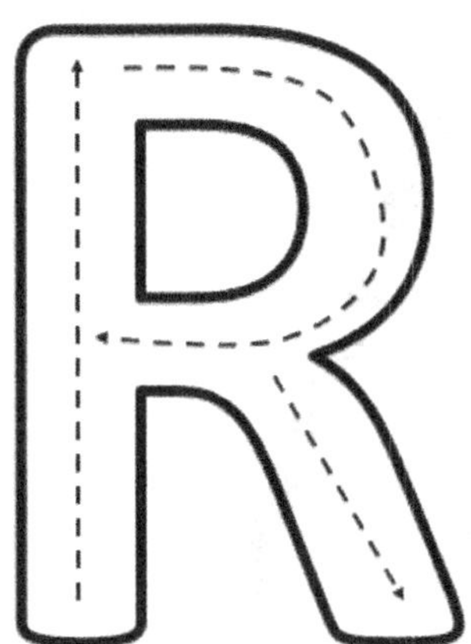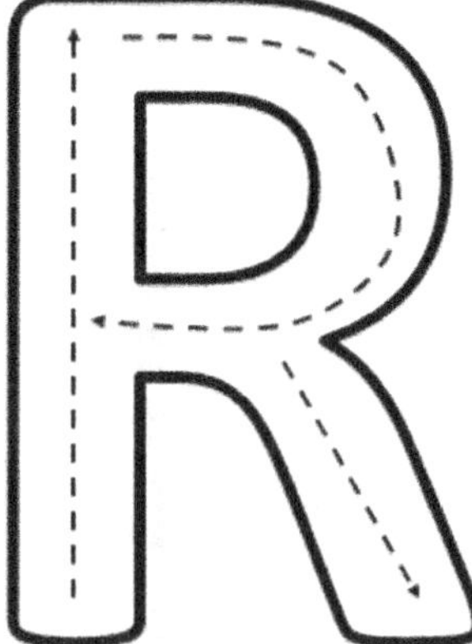

La Rana

El Reloj

La Rosa

La Regla

Color the following words that begin with the letter R.

Pinta las siguientes palabras que comienzan con la letra R.

El Rayo

Find the letter R and color it.

Encuentra la letra R y píntala.

Color the letter S, and trace it by following the arrows.

Pinta la letra S, y trázala siguiendo las flechas

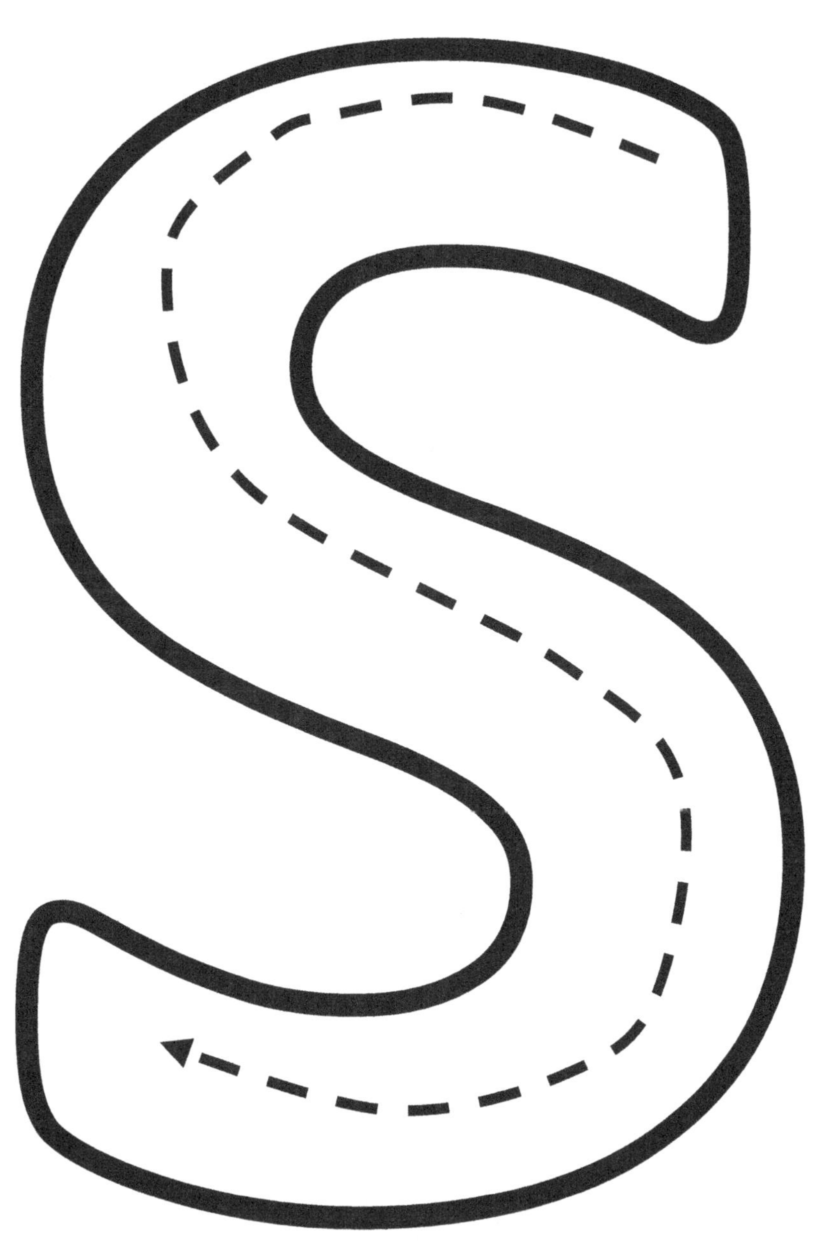

Color the letter S and trace it by following the arrows.

Pinta la letra S y trázala siguiendo las flechas.

La Sandía

El Sol

El Sofá

El Sombrero

Color the following words that begin with the letter S.

Pinta las siguientes palabras que comienzan con la letra S.

La Serpiente

Find the letter S and color it.

cra la letra S y píntala.

Color the letter T, and trace it by following the arrows.

Pinta la letra T, y trázala siguiendo las flechas

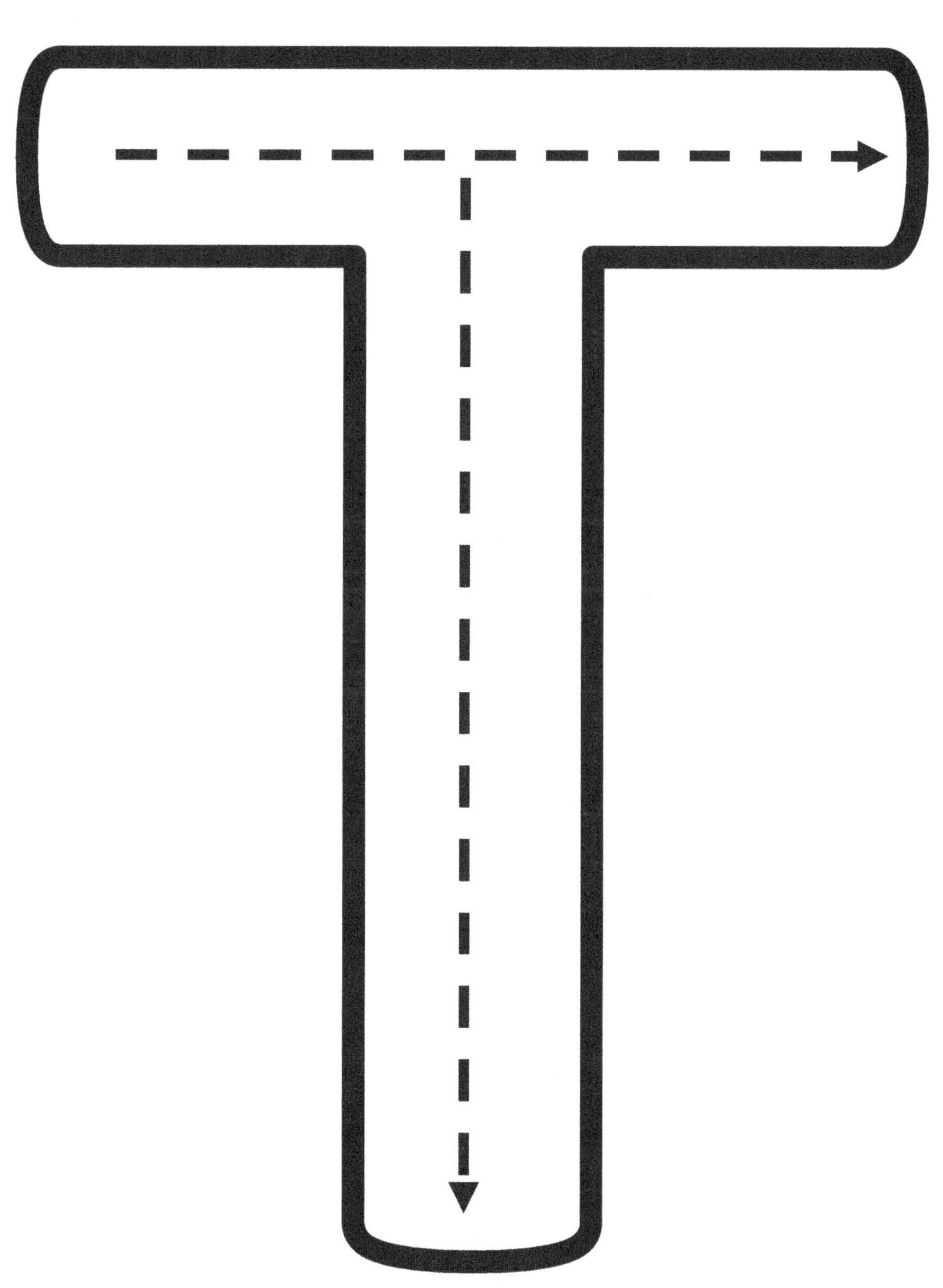

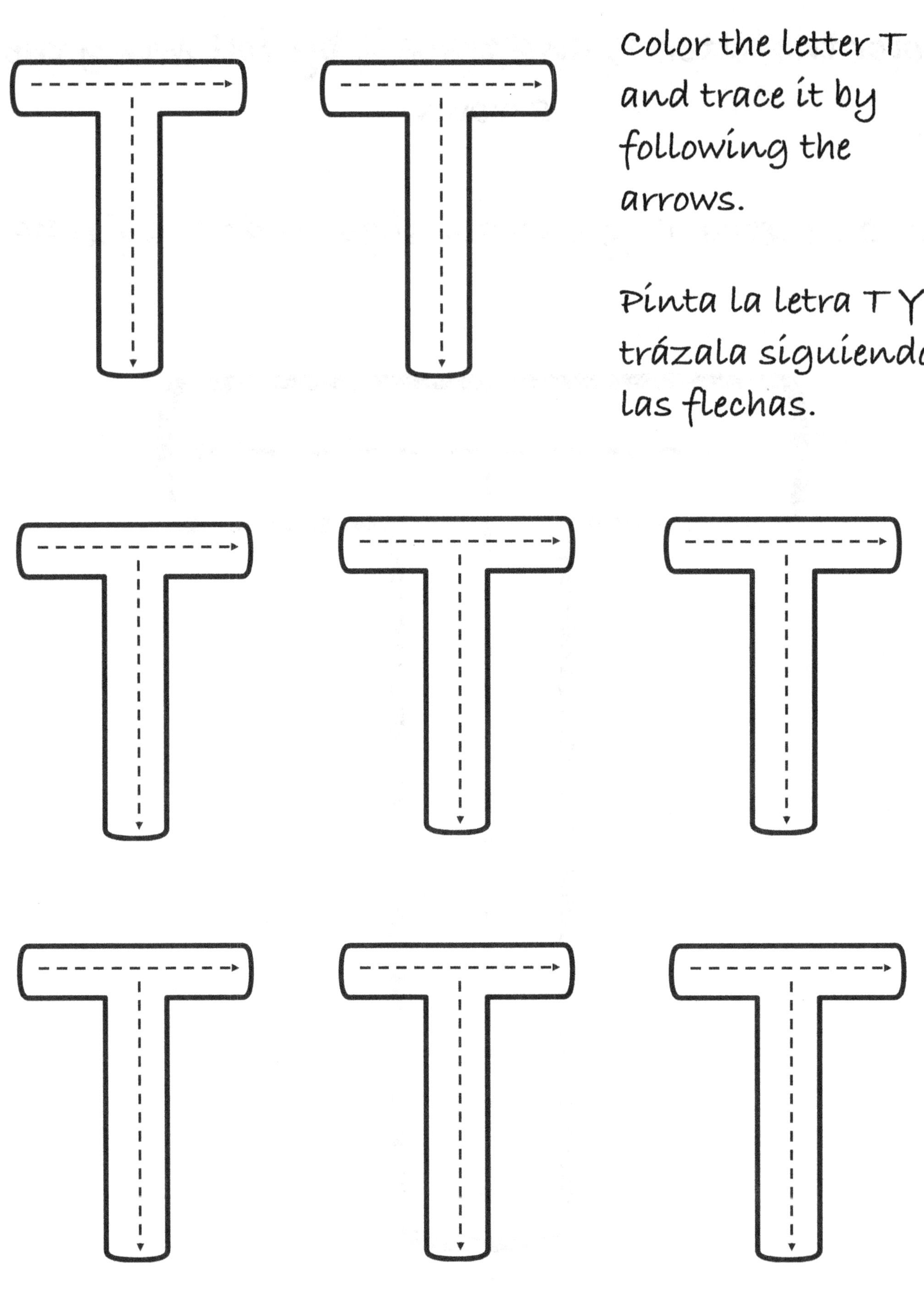
Color the letter T
and trace it by
following the
arrows.

Pinta la letra T Y
trázala siguiendo
las flechas.

La Taza

El Tigre

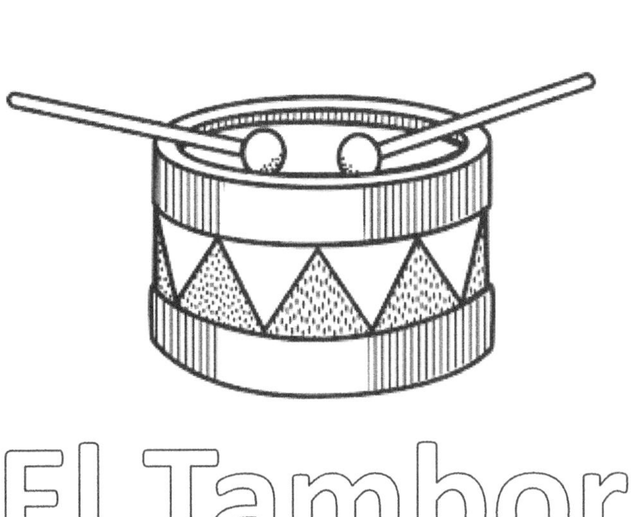

El Tambor

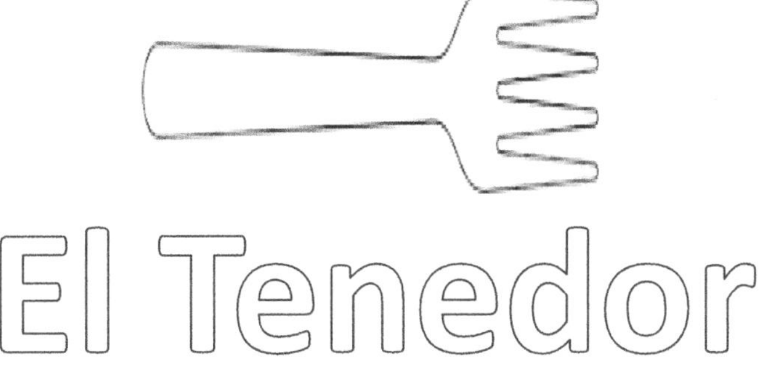

El Tenedor

Color the following words that begin with the letter T.

Pinta las siguientes palabras que comienzan con la letra T.

Las Tijeras

Find the letter T and color it.

Encuentra la letra T y píntala.

Color the letter u, and trace it by following the
arrows.

Pinta la letra u, y trázala siguiendo las flechas.

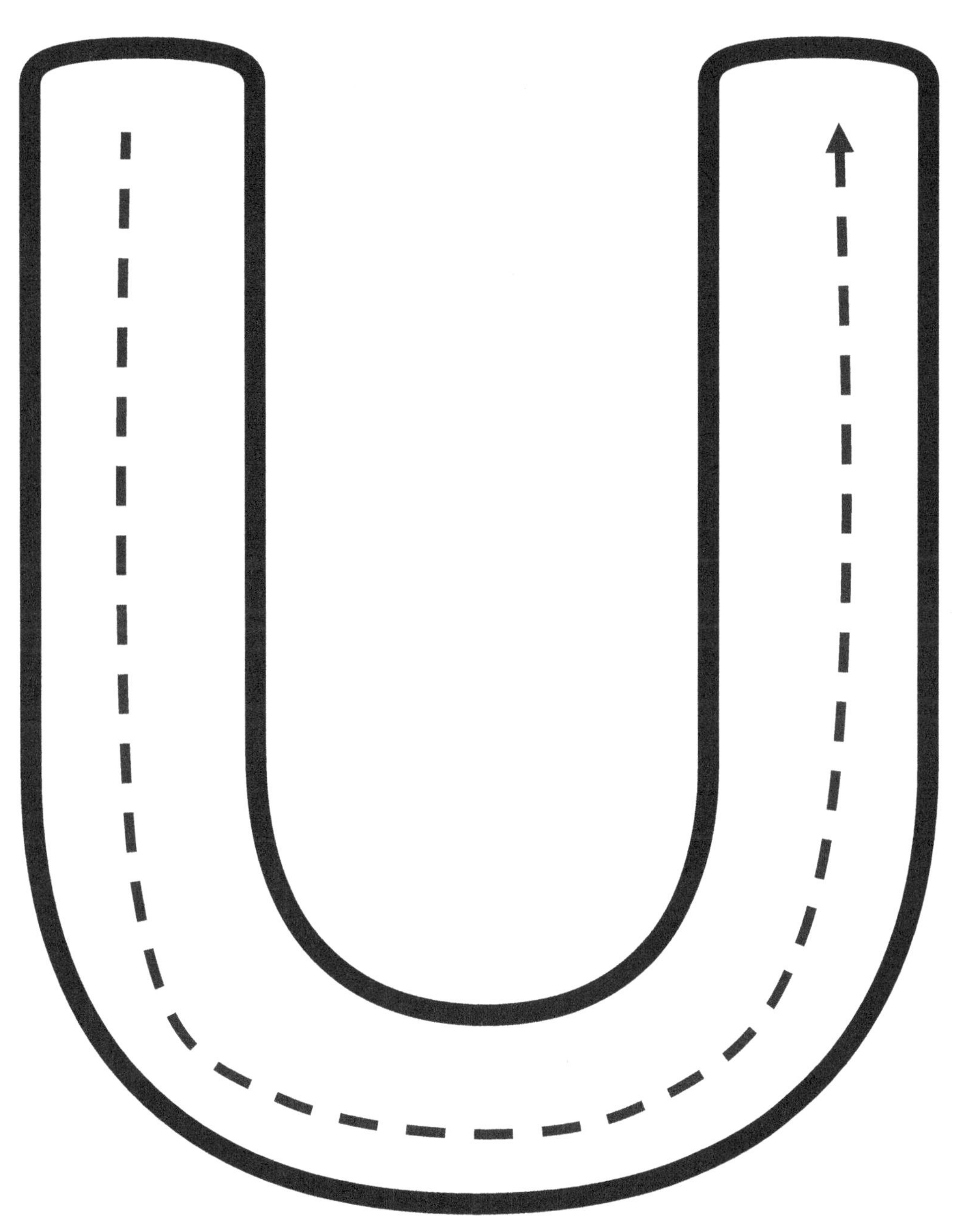

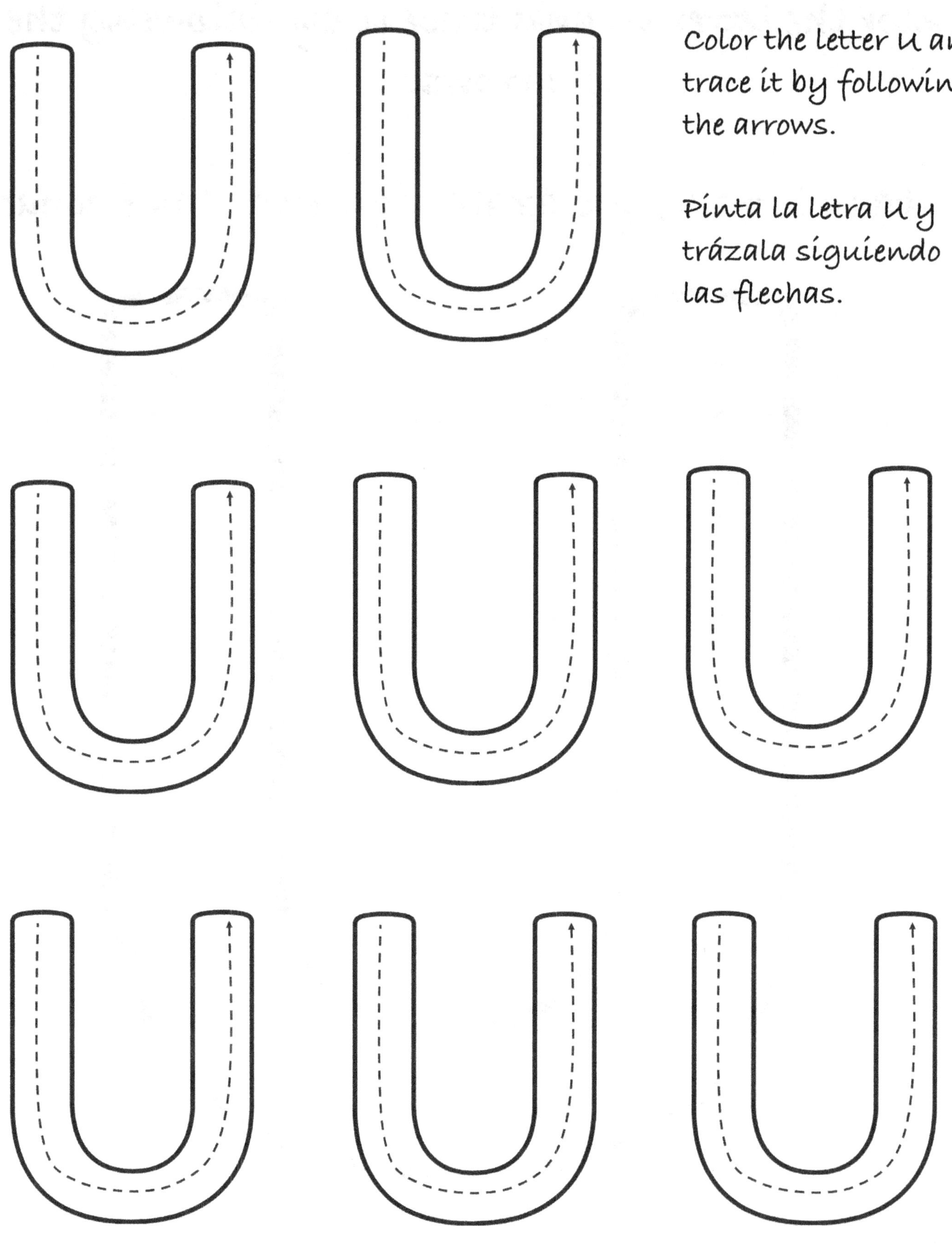

Color the letter U and trace it by following the arrows.

Pinta la letra U y trázala siguiendo las flechas.

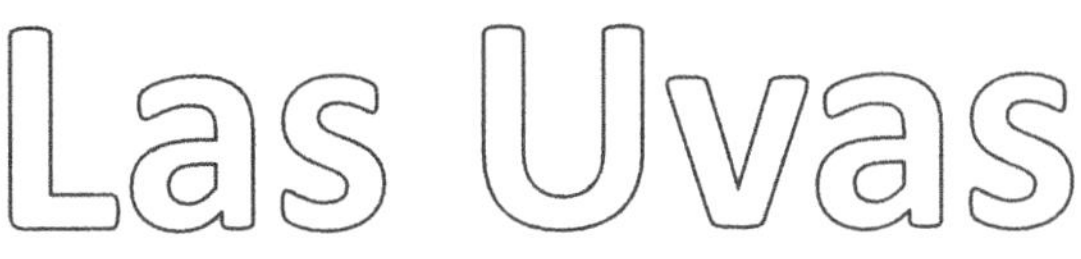
Las Uvas

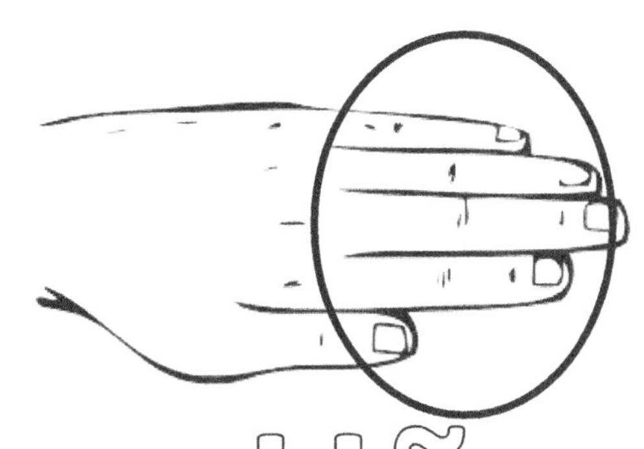
Las Uñas

El Ukelele

Color the following words that begin with the letter U.

Pinta las siguientes palabras que comienzan con la letra U.

El Unicornio

Find the letter U and color it.

Encuentra la letra U y píntala.

Color the letter ∨, and trace it by following the arrows.

Pinta la letra ∨, y trázala siguiendo las flechas.

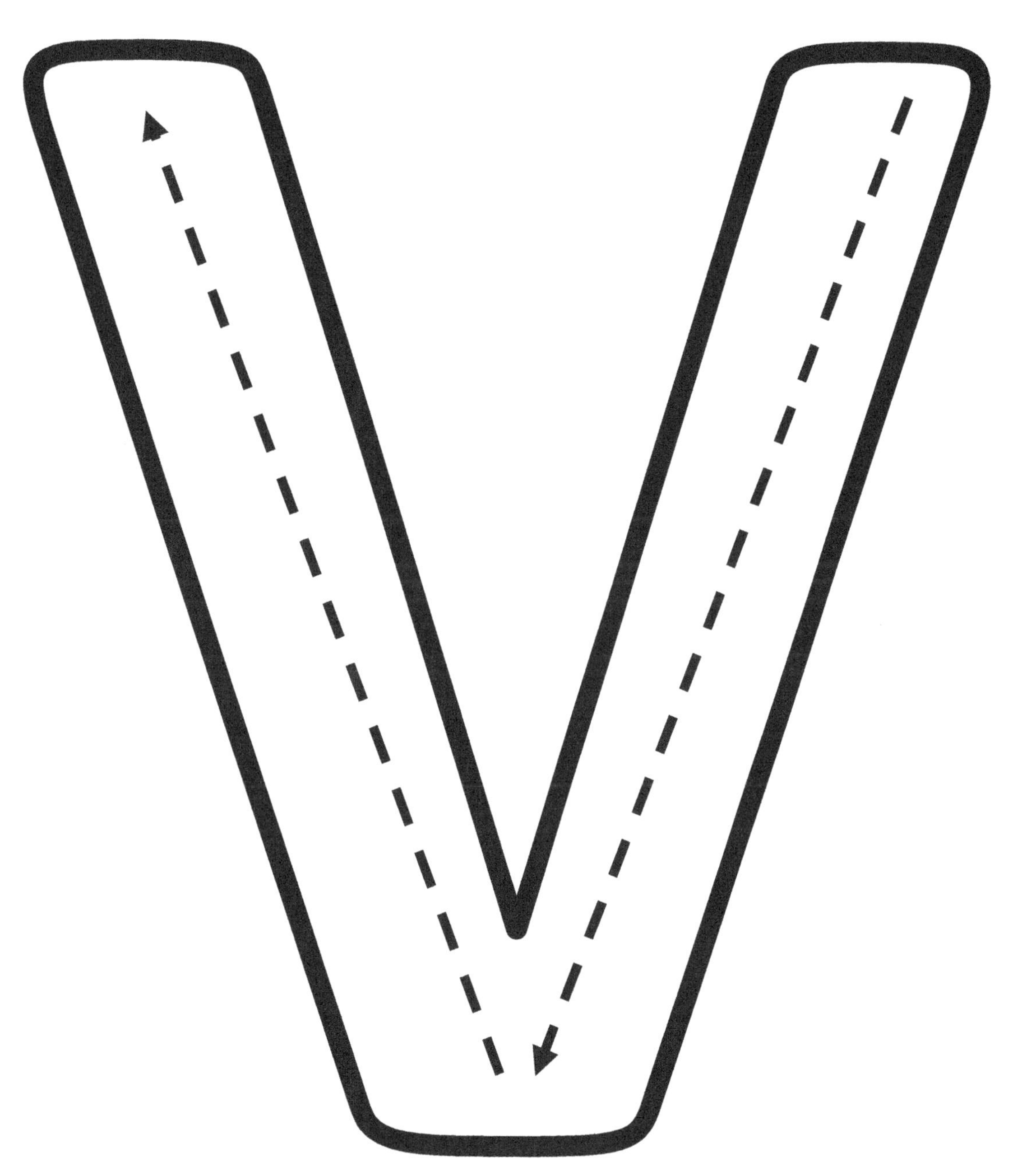

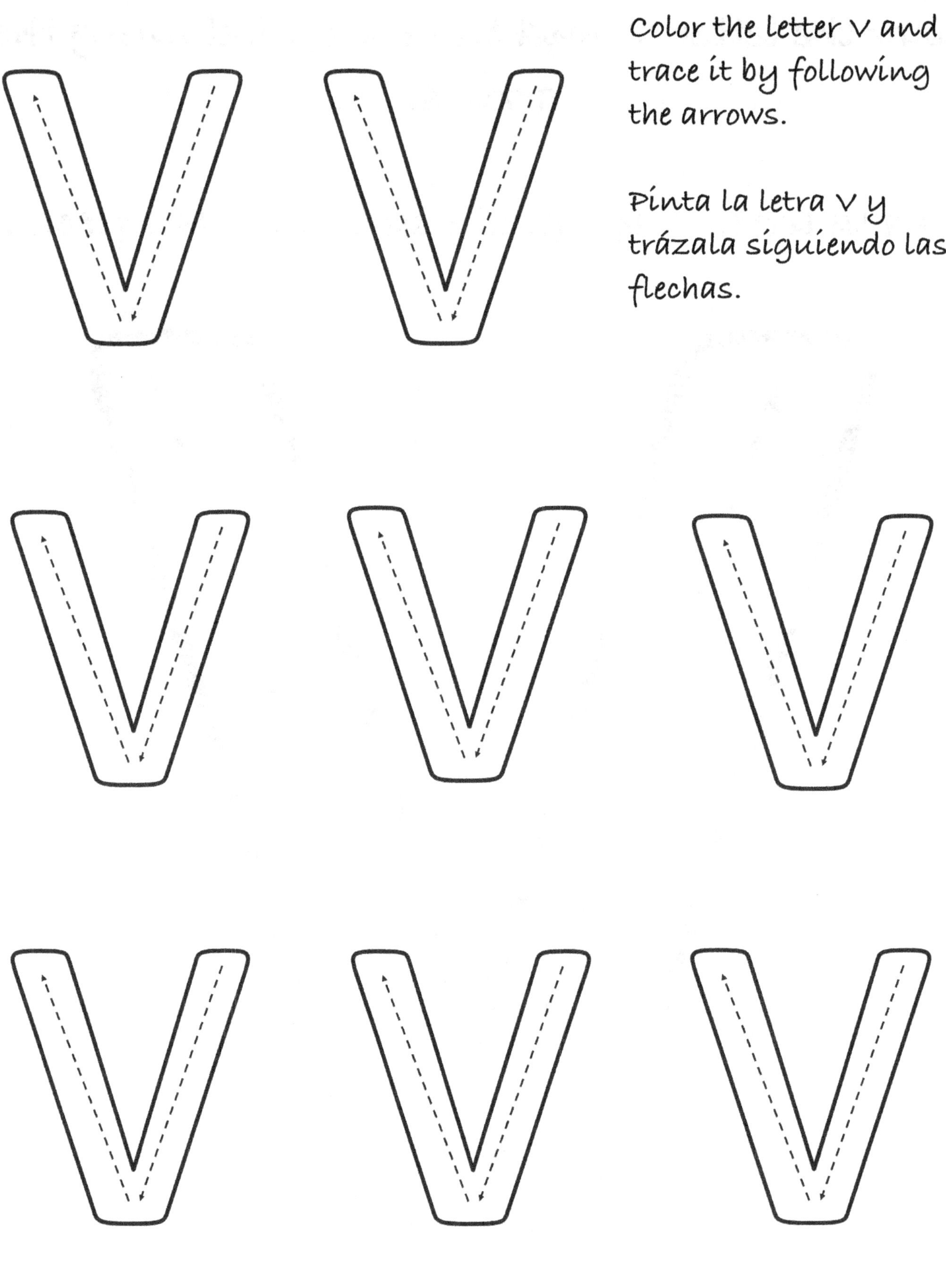

Color the letter V and trace it by following the arrows.

Pinta la letra V y trázala siguiendo las flechas.

La Vaca

El Vestido

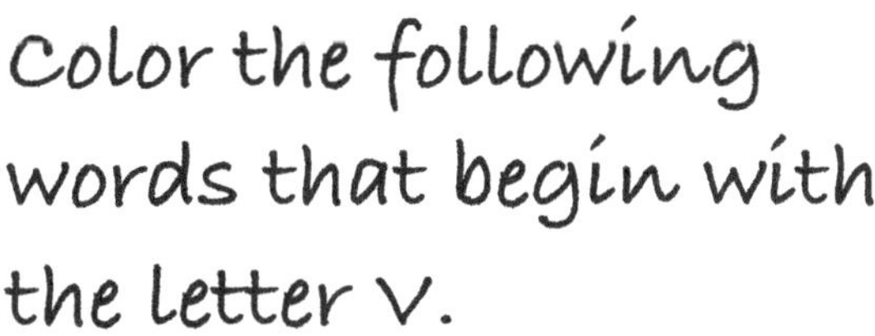

El Violín

El Vaso

Color the following words that begin with the letter V.

Pinta las siguientes palabras que comienzan con la letra V.

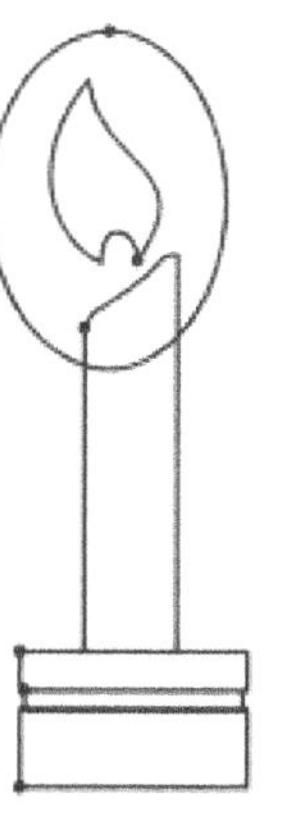

La Vela

Find the letter V and color it.

Encuentra la letra V y píntala.

Color the letter W and trace it by following the arrows.

Pinta la letra W, y trázala siguiendo las flechas.

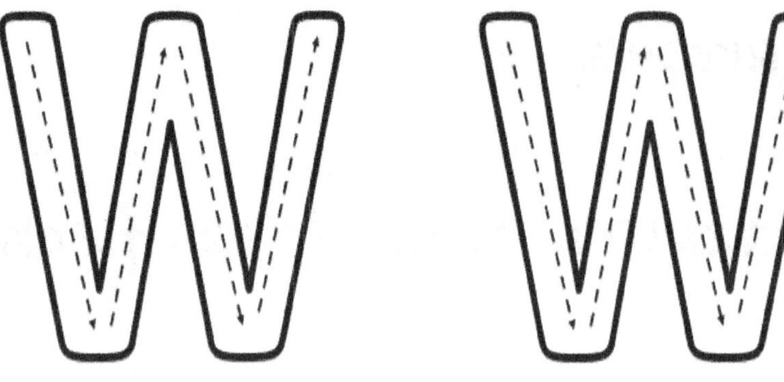

Color the letter W and trace it by following the arrows.

Pinta la letra W y trázala siguiendo las flechas.

El Wi-Fi

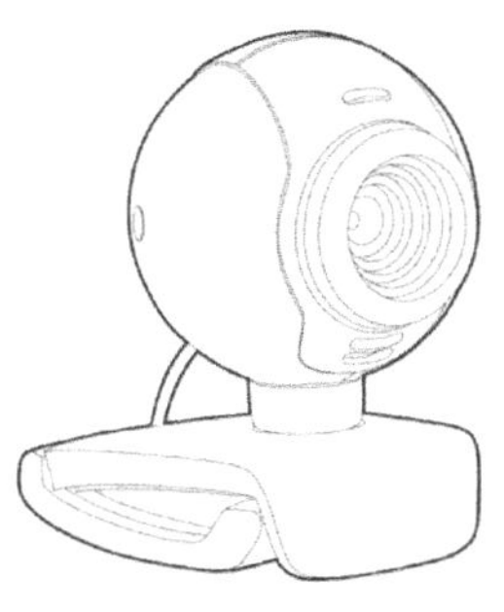

La Webcam

El Waffle

El Windsurf

El señor Washington

Color the following words that begin with the letter W.

Pinta las siguientes palabras que comienzan con la letra W.

Find the letter W and color it.

Encuentra la letra W y píntala.

Color the letter X, and trace it by following the arrows.

Pinta la letra X, y trázala siguiendo las flechas.

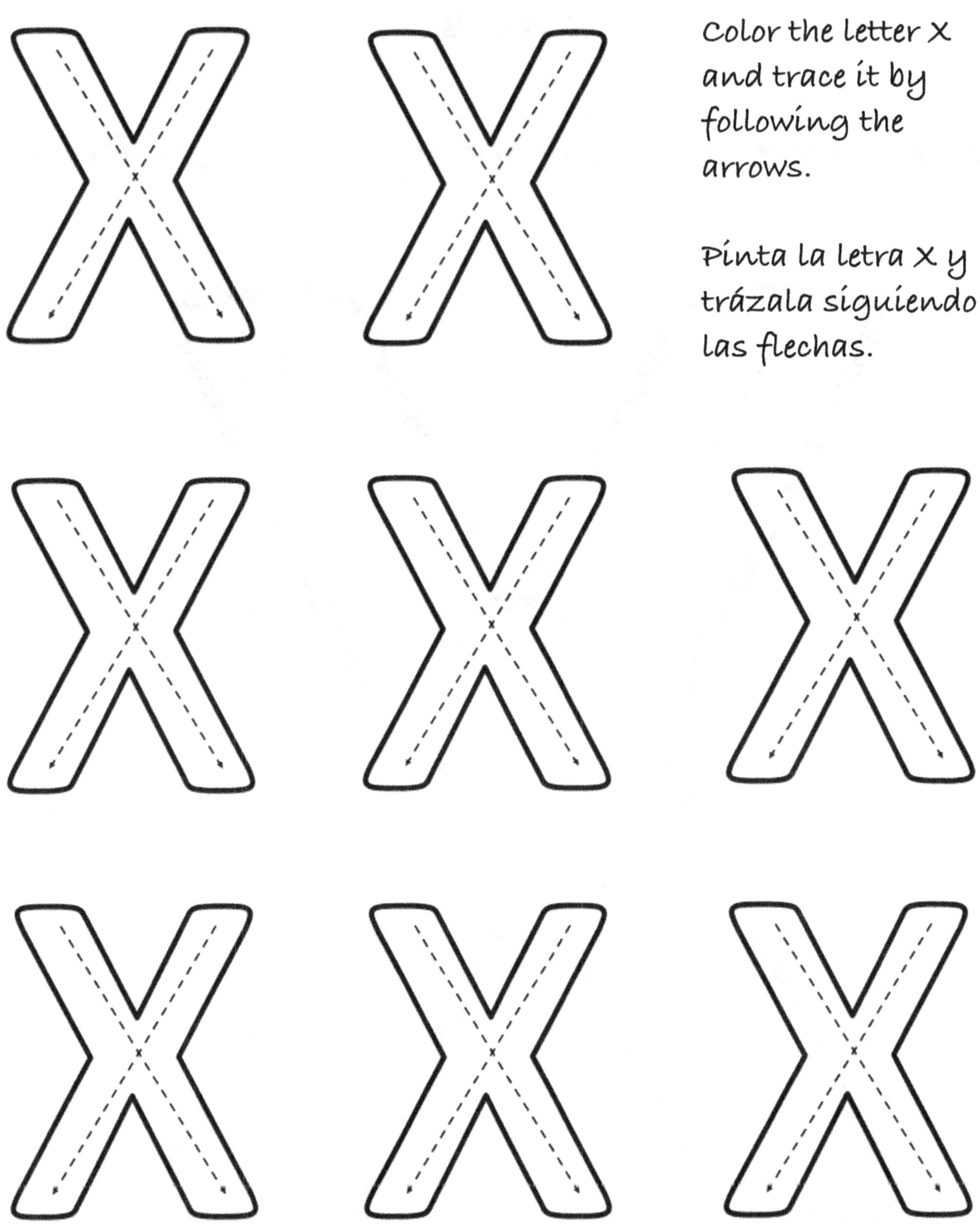

Color the letter X
and trace it by
following the
arrows.

Pinta la letra X y
trázala siguiendo
las flechas.

El taXi

El saXofón

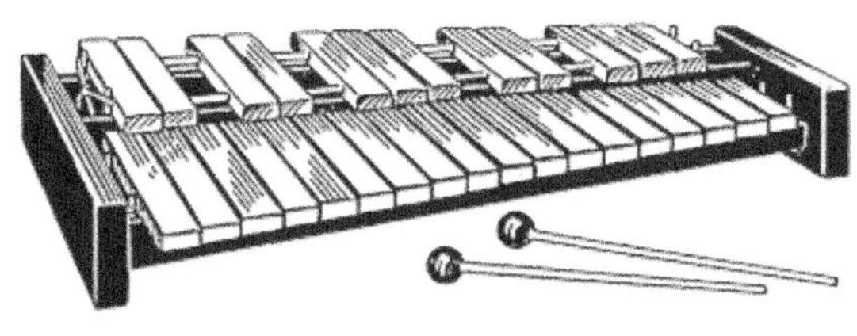

El Xilófono

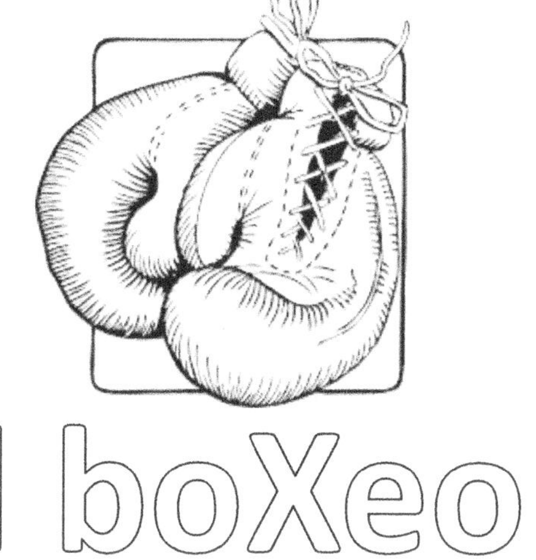

El boXeo

Color the following words that contain the letter X.

Pinta las siguientes palabras que contienen la letra X.

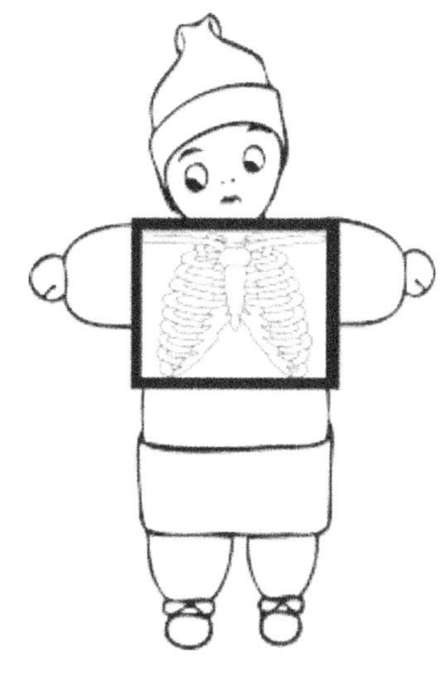

Los rayos X

Find the letter X and color it.

Encuentra la letra X y píntala.

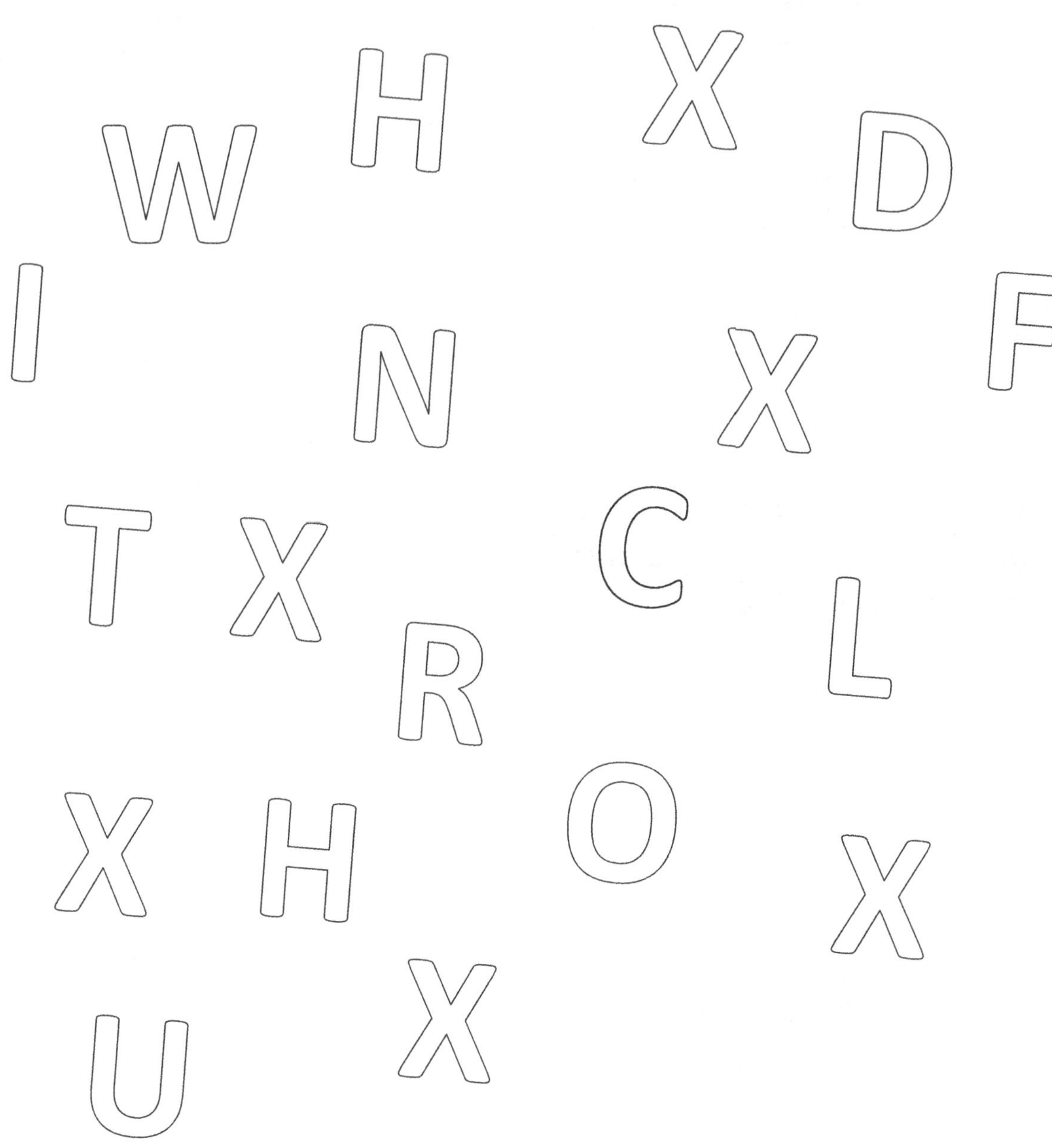

Color the letter Y, and trace it by following the arrows.

Pinta la letra Y, y trázala siguiendo las flechas.

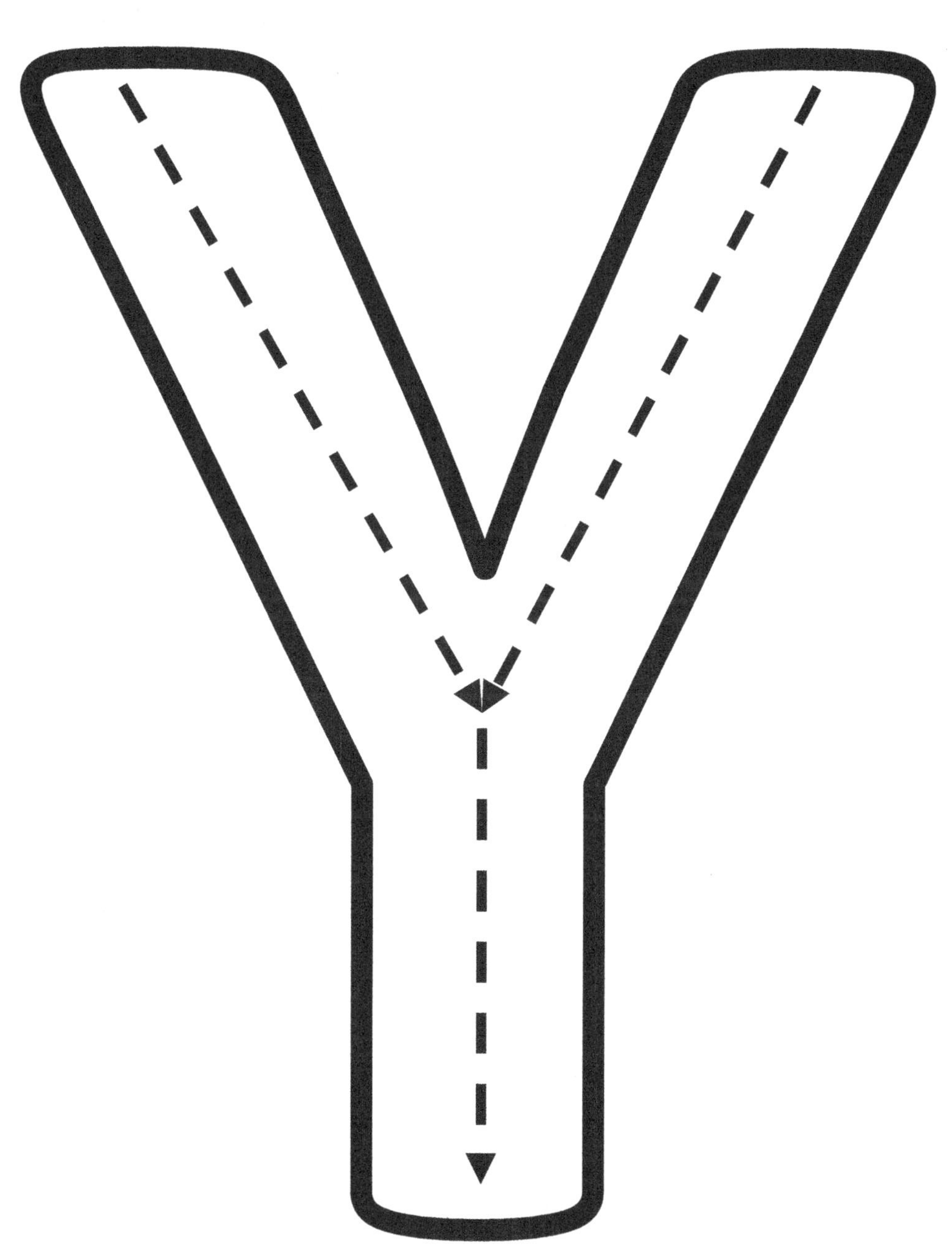

Color the letter Y and trace it by following the arrows.

Pinta la letra Y y trázala siguiendo las flechas.

El Yogur

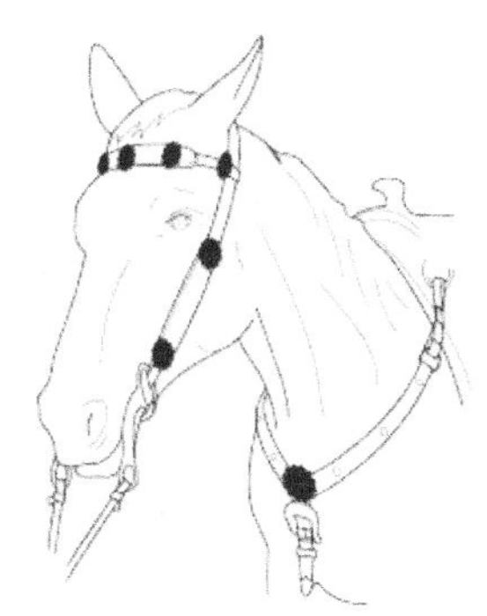

La Yegua

El Yate

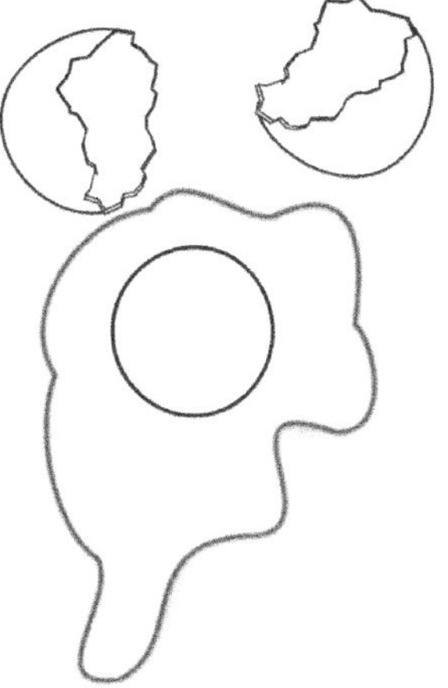

La Yema

Color the following words that contain the letter Y.

Pinta las siguientes palabras que contienen la letra Y.

El Yoga

Find the letter Y and color it.

Encuentra la letra Y y píntala.

Color the letter Z, and trace it by following the arrows.

Pinta la letra Z, y trázala siguiendo las flechas.

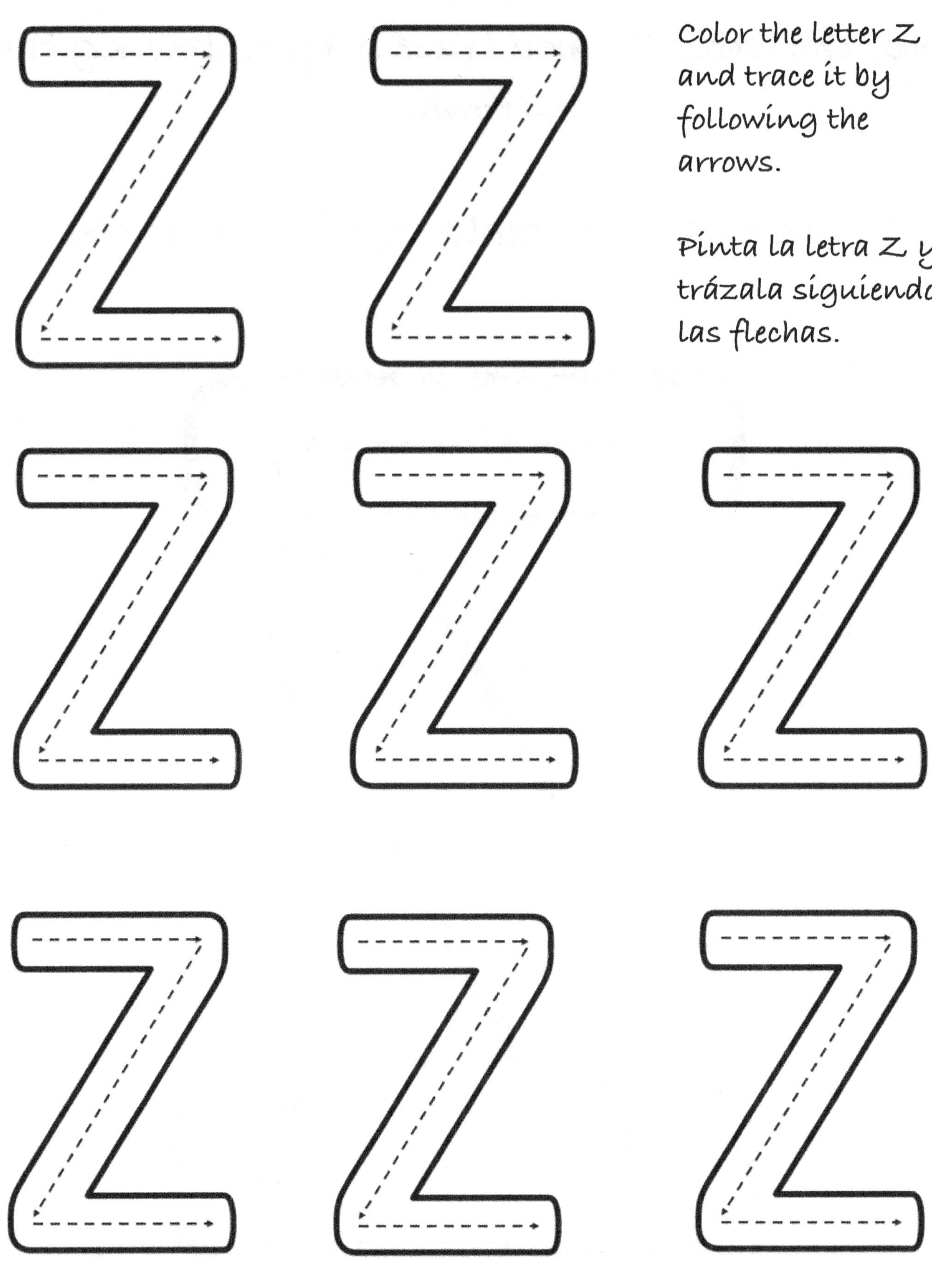

Color the letter Z
and trace it by
following the
arrows.

Pinta la letra Z y
trázala siguiendo
las flechas.

Los Zapatos

El Zorro

El Zancudo

La Zanahoria

Color the following words that contain the letter Z.

Pinta las siguientes palabras que contienen la letra Z.

El Zoológico

Find the letter Z and color it.

Encuentra la letra Z y píntala.

Spanish Digraphs Bonus

Thank you for practicing Spanish with our *"Let's Learn the Spanish Alphabet!"* book.

We hope you have a fun bonding experience with your children.

As promised, here are your complimentary Spanish Digraphs Activity Pages!

Please visit http://www.minaxespanol.com/spanishdigraphsbonus to download.

We truly care about you and your children and are dedicated to your complete satisfaction. Please provide us your feedback by clicking here! We'd love to hear from you!

Thanks again!

P.S. If you have any questions, don't hesitate to contact us through our

- website www.minaxespanol.com.
- email admin@minaxespanol.com
- phone number 1-346-800-2463 between 9am - 5pm CST.

I will respond as soon as possible. Alternatively, you can contact us directly at this Best Regards,

Irma G. Castro, M.Ed.
MINAX Actividades en español

About the Author

Irma G. Castro, M.Ed. is a certified principal, bilingual educator, and instructional coach in the state of Texas. She began her teaching career in 2012, and as a bilingual teacher, she knew how difficult it is to come by educational products in Spanish. Once Irma had her daughter Michelle, she knew she had to do something to provide her own child with books and tools that taught the language. Her daughter and the children she taught, were her inspiration for this "Let's learn Spanish series."

Sobre el autor

Irma G. Castro, M.Ed. es un directora certificada, educadora bilingüe, y entrenadora academica en el estado de Tejas. Ella comenzó su carrera en educación en el año 2012, y como maestra bilingüe se dio cuenta de la falta de recursos disponibles en español. Cuando nació su hija, Irma supo que ella misma tendría que proveerle a su hija el material necesario para aprender el idioma. Su hija Michelle, y sus previos estudiantes, fueron su inspiración para esta serie llamada, "Vamos a aprender español."

 www.minaxespanol.com

 @minaxespanol